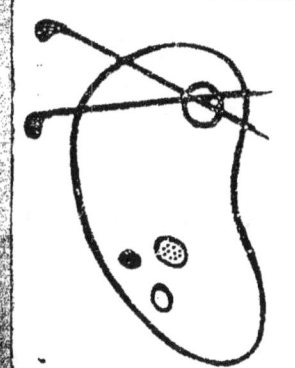

Début d'une série de documents en couleur

RELIURE SERREE
Absence de marges intérieures

Lisibilité partielle

Valable pour tout ou partie du document reproduit

DEUXIÈME ÉDITION

BIBLIOTHÈQUE CONTEMPORAINE

GEORGE SAND
ŒUVRES COMPLÈTES

CONTES D'UNE GRAND'MÈRE

LE

CHÊNE PARLANT

LE CHIEN ET LA FLEUR SACRÉE
L'ORGUE DU TITAN — CE QUE DISENT LES FLEURS
LE MARTEAU ROUGE
LA FÉE POUTHÈRE — LE GNOME DES HUITRES
LA FÉE AUX GROS YEUX

PARIS
CALMANN LÉVY, ÉDITEUR
ANCIENNE MAISON MICHEL LÉVY FRÈRES
RUE AUBER, 3, ET BOULEVARD DES ITALIENS, 15
A LA LIBRAIRIE NOUVELLE

1876

CHEZ LE MÊME ÉDITEUR

ŒUVRES COMPLÈTES
DE
GEORGE SAND
FORMAT GRAND IN-18

3 fr. 50 c. le volume

	vol.		vol.
ANDRÉ	1	LAURA	1
ANTONIA	1	LETTRES D'UN VOYAGEUR	1
AUTOUR DE LA TABLE	1	MADEMOISELLE LA QUINTINIE	1
LE BEAU LAURENCE	1	MADEMOISELLE MERQUEM	1
CADIO	1	LES MAÎTRES MOSAÏSTES	1
CÉSARINE DIETRICH	1	LES MAÎTRES SONNEURS	1
LE CHATEAU DE PICTORDU	1	MALGRÉTOUT	1
LE CHÊNE PARLANT	1	LA MARE AU DIABLE	1
LA CONFESSION D'UNE JEUNE FILLE	2	LE MARQUIS DE VILLEMER	1
CONSTANCE VERRIER	1	MA SŒUR JEANNE	1
LA COUPE	1	MAUPRAT	1
LA DERNIÈRE ALDINI	1	MONSIEUR SYLVESTRE	1
LE DERNIER AMOUR	1	MONT-REVÊCHE	1
LES DEUX FRÈRES	1	NANON	1
ELLE ET LUI	1	NOUVELLES	1
LA FAMILLE DE GERMANDRE	1	LA PETITE FADETTE	1
FLAMARANDE	1	PIERRE QUI ROULE	1
FRANCIA	1	LES SEPT CORDES DE LA LYRE	1
FRANÇOIS LE CHAMPI	1	TAMARIS	1
HISTOIRE DE MA VIE	4	THÉÂTRE COMPLET	4
UN HIVER A MAJORQUE — SPIRIDION	1	THÉÂTRE DE NOHANT	1
IMPRESSIONS ET SOUVENIRS	1	LA TOUR DE PERCEMONT	1
INDIANA	1	L'USCOQUE	1
JACQUES	1	VALENTINE	1
JEAN DE LA ROCHE	1	VALVÈDRE	1
JEAN ZYSKA — GABRIEL	1	LA VILLE NOIRE	1
JOURNAL D'UN VOY. PENDANT LA GUERRE	1		

1 fr. 25 c. le volume

	vol.		vol.
ADRIANI	1	ISIDORA	1
LES AMOURS DE L'AGE D'OR	1	JEANNE	1
LES BEAUX MESSIEURS DE BOIS-DORÉ	2	LELIA — Métella — Melchior — Cora	2
LE CHATEAU DES DÉSERTES	1	LUCREZIA FLORIANI — Lavinia	1
LE COMPAGNON DU TOUR DE FRANCE	2	LE MEUNIER D'ANGIBAULT	1
LA COMTESSE DE RUDOLSTADT	2	NARCISSE	1
CONSUELO	3	PAULINE	1
LES DAMES VERTES	1	LE PÉCHÉ DE M. ANTOINE	2
LA DANIELLA	2	LE PICCININO	2
LE DIABLE AUX CHAMPS	1	PROMENADES AUTOUR D'UN VILLAGE	1
LA FILLEULE	1	LE SECRÉTAIRE INTIME	1
FLAVIE	1	SIMON	1
L'HOMME DE NEIGE	3	TEVERINO — Léone Léoni	1
HORACE	1		

Boulogne (Seine). — Imp. JULES BOYER.

— 1 —

35ᵉ ANNÉE

LA PATRIE

JOURNAL QUOTIDIEN
POLITIQUE, LITTÉRAIRE, SCIENTIFIQUE, COMMERCIAL ET FINANCIER

Par l'organisation spéciale de son service d'Informations, de Télégrammes et de Correspondances
LA PATRIE est toujours promptement et sûrement renseignée

Magnifiques PRIMES GRATUITES offertes à tous les Abonnés :

LES MÉMOIRES DE M. GUIZOT, 8 vol. in-18, comprenant les événements politiques depuis 1814, et dont la valeur en librairie est de 60 francs. — **L'UNIVERS ILLUSTRÉ**. — Environ **2,000 volumes** de la Maison MICHEL LÉVY frères : Ouvrages illustrés, richement reliés et dorés sur tranches. — Partitions complètes de la Maison L. ESCUDIER : **DON JUAN** (Mozart); **LE BARBIER DE SÉVILLE** (Rossini); — **LOUISE MILLER** (Verdi); — **MINA** (Amb. Thomas); — **JEANNE D'ARC** (Verdi), etc., etc.

ABONNEMENTS : { PARIS . . . . . **13** fr. **50** c., **27** fr., **54** fr.
{ DÉPARTEMENTS. **16** » » **32**   **64**

Pour s'abonner, envoyer un MANDAT-POSTE à M. l'Administrateur de
LA PATRIE

Rue du Croissant, 12, Paris

PARIS-JOURNAL
POLITIQUE ET FINANCIER

PRIMES :
MONTRE ALUMINIUM OU PENDULE RÉVEIL-MATIN
POUR RIEN

PENDULE RENAISSANCE OU MONTRE EN VERMEIL
Pour **15 francs** en sus de l'Abonnement

PRIMES	**MONTRE EN OR**	PRIMES
livrées de suite	POUR **32** FRANCS	livrées de suite
	En sus de l'Abonnement	
UN SEMESTRE	Abonnement d'un an : **64 fr.**	**UN SEMESTRE**
D'AVANCE	9, rue d'Aboukir, 9	D'AVANCE

2, rue du Pont-Neuf, 2
SEULE ENTRÉE au coin du QUAI

 MAISON
DE LA

BELLE JARDINIÈRE

VÊTEMENTS pour HOMMES et pour ENFANTS

Tout Faits et sur Mesure

CHAPEAUX, CHAUSSURES, BONNETERIE, CHEMISERIE

ET TOUT CE QUI CONCERNE L'HABILLEMENT DE L'HOMME

Spécialité de **VÊTEMENTS** pour la Chasse
ET DE VÊTEMENTS POUR LIVRÉE

Envoie en Province, sur demande, des **Échantillons** avec Gravure de Mode et Indications nécessaires pour prendre soi-même les Mesures et EXPÉDIE contre Remboursement FRANCO au-dessus de **25** francs.

SUCCURSALES :

LYON, rue Saint-Pierre, 25. | **NANTES**, cours Cambronne.
MARSEILLE, rue Pavillon, 22 | **ANGERS**, rue Saint-Laud, 72.

PARIS, place Clichy
(au coin des rues de Clichy et d'Amsterdam)

LE FIGARO

Abonnements : PARIS, trois mois. . . . . . 15 francs.

Abonnements : DÉPARTEMENTS, trois mois. . . 18 francs.

HÔTEL DU FIGARO

26, RUE DROUOT, 26
PARIS

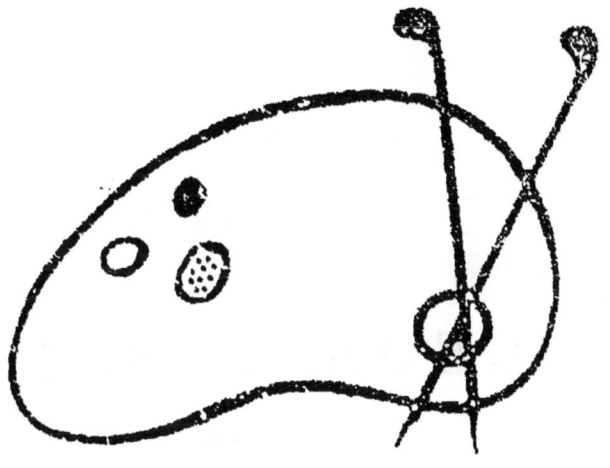

Fin d'une série de documents en couleur

ŒUVRES COMPLÈTES

DE

GEORGE SAND

CONTES D'UNE GRAND'MÈRE

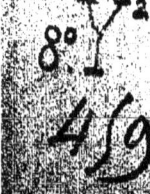

CALMANN LÉVY, ÉDITEUR

ŒUVRES COMPLÈTES
DE
GEORGE SAND

Format grand in-18.

Les Amours de l'Age d'Or.	1 vol.	Jean de la Roche	1 vol.
Adriani	1 —	Jean Ziska. — Gabriel.	1 —
André	1 —	Jeanne	1 —
Antonia	1 —	Journal d'un voyageur pendant la guerre	1 —
Autour de la Table	1 —		
Le Beau Laurence	1 —	Laura	1 —
Les Beaux Messieurs de Bois-Doré	2 —	Lélia. — Métella. — Cora.	2 —
		Lettres d'un voyageur	1 —
Cadio	1 —	Lucrézia Floriani.-Lavinia.	1 —
Césarine Dietrich	1 —	Mme la Quintinie	1 —
Le Chateau des Désertes.	1 —	Mlle Merquem	1 —
Le Chateau de Pictordu	1 —	Les Maitres Mosaistes	1 —
Le Chène parlant	1 —	Les Maitres Sonneurs	1 —
Le Compagnon du Tour de France	2 —	Malgrétout	1 —
		La Mare au Diable	1 —
La Comtesse de Rudolstadt	2 —	Le Marquis de Villemer	1 —
La Confession d'une jeune fille	2 —	Ma Sœur Jeanne	1 —
		Mauprat	1 —
Constance Verrier	1 —	Le Meunier d'Angibault	1 —
Consuelo	3 —	Monsieur Sylvestre	1 —
La Coupe	1 —	Mont-Revêche	1 —
Les Dames Vertes	1 —	Nanon	1 —
La Daniella	2 —	Narcisse	1 —
La Dernière Aldini	1 —	Nouvelles	1 —
Le Dernier Amour	1 —	La Petite Fadette	1 —
Les Deux Frères	1 —	La Pêche de M. Antoine	2 —
Le Diable aux Champs	1 —	Le Piccinino	2 —
Elle et Lui	1 —	Pierre qui roule	1 —
La Famille de Germandre	1 —	Promenades autour d'un village	1 —
La Filleule	1 —	Le Secrétaire intime	1 —
Flamarande	1 —	Les Sept Cordes de la Lyre	1 —
Flavie	1 —	Simon	1 —
Francia	1 —	Tamaris	1 —
François le Champi	1 —	Tévérino. — Leone Leoni	1 —
Histoire de ma vie	4 —	Théatre complet	4 —
Un Hiver a Majorque. — Spiridion	1 —	Théatre de Nohant	1 —
		La Tour de Percemont. — Marianne	1 —
L'Homme de neige	3 —		
Horace	1 —	L'Uscoque	1 —
Impressions et souvenirs	1 —	Valentine	1 —
Indiana	1 —	Valvèdre	1 —
Isidora	1 —	La Ville Noire	1 —
Jacques	1 —		

IMPRIMERIE CENTRALE DES CHEMINS DE FER. — A. CHAIX ET Cie,
RUE BERGÈRE, 20, A PARIS. — 11772-6.

CONTES D'UNE GRAND'MÈRE

LE CHÊNE PARLANT

LE CHIEN ET LA FLEUR SACRÉE
L'ORGUE DU TITAN — CE QUE DISENT LES FLEURS
LE MARTEAU ROUGE
LA FÉE POUSSIÈRE — LE GNOME DES HUITRES
LA FÉE AUX GROS YEUX

PAR

GEORGE SAND

PARIS
CALMANN LÉVY, ÉDITEUR
ANCIENNE MAISON MICHEL LÉVY FRÈRES
RUE AUBER, 3, ET BOULEVARD DES ITALIENS, 15
A LA LIBRAIRIE NOUVELLE
—
1876

Droits de reproduction et de traduction réservés

CONTES
D'UNE GRAND'MÈRE

LE CHÊNE PARLANT

A MADEMOISELLE BLANCHE AMIC

Il y avait autrefois en la forêt de Cernas un gros vieux chêne qui pouvait bien avoir cinq cents ans. La foudre l'avait frappé plusieurs fois, et il avait dû se faire une tête nouvelle, un peu écrasée, mais épaisse et verdoyante.

Longtemps ce chêne avait eu une mauvaise réputation. Les plus vieilles gens du village voisin disaient encore que, dans leur jeunesse, ce chêne parlait et menaçait ceux qui voulaient se reposer sous son ombrage. Ils racontaient que deux voyageurs, y cherchant un abri, avaient été foudroyés. L'un d'eux était mort sur le coup; l'autre s'était éloigné à temps et n'avait été qu'étourdi, parce qu'il avait été averti par une voix qui lui criait :

— Va-t'en vite !

L'histoire était si ancienne qu'on n'y croyait plus guère, et, bien que cet arbre portât encore le nom de *chêne parlant*, les pâtours s'en approchaient sans trop de crainte. Pourtant le moment vint où il fut plus que jamais réputé sorcier après l'aventure d'Emmi.

Emmi était un pauvre petit gardeur de cochons, orphelin et très-malheureux, non-seulement parce qu'il était mal logé, mal nourri et mal vêtu, mais encore parce qu'il détestait les bêtes que la misère le forçait à soigner. Il en avait peur, et ces animaux, qui sont plus fins qu'ils n'en ont l'air, sentaient bien qu'il n'était pas le maître avec eux. Il s'en allait dès le matin, les conduisant à la glandée, dans la forêt. Le soir, il les ramenait à la ferme, et c'était pitié de le voir, couvert de méchants haillons, la tête nue, ses cheveux hérissés par le vent, sa pauvre petite figure pâle, maigre, terreuse, l'air triste, effrayé, souffrant, chassant devant lui ce troupeau de bêtes criardes, au regard oblique, à la tête baissée, toujours menaçante. A le voir ainsi courir à leur suite sur les sombres bruyères, dans la vapeur rouge du premier crépuscule, on eût dit d'un follet des landes chassé par une rafale.

Il eût pourtant été aimable et joli, ce pauvre petit porcher, s'il eût été soigné, propre, heureux comme vous autres, mes chers enfants qui me lisez. Lui ne savait pas lire, il ne savait rien, et c'est tout au plus s'il savait parler assez pour demander le nécessaire, et, comme il était craintif, il ne le demandait pas toujours, c'était tant pis pour lui si on l'oubliait.

Un soir, les pourceaux rentrèrent tout seuls à l'étable, et le porcher ne parut pas à l'heure du souper. On n'y fit attention que quand la soupe aux raves fut mangée, et la fermière envoya un de ses gars pour appeler Emmi. Le gars revint dire qu'Emmi n'était ni à l'étable, ni dans le grenier, où il couchait sur la paille. On pensa qu'il était allé voir sa tante, qui demeurait aux environs, et on se coucha sans plus songer à lui.

Le lendemain matin, on alla chez la tante, et on s'étonna d'apprendre qu'Emmi n'avait point passé la nuit chez elle. Il n'avait pas reparu au village depuis la veille. On s'enquit de lui aux alentours, personne ne l'avait vu. On le chercha en vain dans la forêt. On pensa que les sangliers et les loups l'avaient mangé. Pourtant on ne retrouva ni sa sarclette, — sorte de houlette à manche court dont se servent les porchers, — ni aucune loque de son pauvre vêtement; on en conclut qu'il avait quitté le pays pour vivre en vagabond, et le fermier dit que ce n'était pas un grand dommage, que l'enfant n'était bon à rien, n'aimant pas ses bêtes et n'ayant pas su s'en faire aimer.

Un nouveau porcher fut loué pour le reste de l'année, mais la disparition d'Emmi effrayait tous les gars du pays; la dernière fois qu'on l'avait vu, il allait du côté du chêne parlant, et c'était là sans doute qu'il lui était arrivé malheur. Le nouveau porcher eut bien soin de n'y jamais conduire son troupeau et les autres enfants se gardèrent d'aller jouer de ce côté-là.

Vous me demandez ce qu'Emmi était devenu. Patience, je vais vous le dire.

La dernière fois qu'il était allé à la forêt avec ses bêtes, il avait avisé à quelque distance du gros chêne une touffe de favasses en fleurs. La favasse ou féverole, c'est cette jolie papilionacée à grappes roses que vous connaissez, la gesse tubéreuse; les tubercules sont gros comme une noisette, un peu âpres quoique sucrés. Les enfants pauvres en sont friands; c'est une nourriture qui ne coûte rien et que les pourceaux, qui en sont friands aussi, songent seuls à leur disputer. Quand on parle des anciens anachorètes vivant de *racines*, on peut être certain que le mets le plus recherché de leur austère cuisine était, dans nos pays du centre, le tubercule de cette gesse.

Emmi savait bien que les favasses ne pouvaient pas encore être bonnes à manger, car on n'était qu'au commencement de l'automne, mais il voulait marquer l'endroit pour venir fouiller la terre quand la tige et la fleur seraient desséchées. Il fut suivi par un jeune porc qui se mit à fouiller et qui menaçait de tout détruire, lorsque Emmi, impatienté de voir le ravage inutile de cette bête vorace, lui allongea un coup de sa sarclette sur le groin. Le fer de la sarclette était fraîchement repassé et coupa légèrement le nez du porc, qui jeta un cri d'alarme. Vous savez comme ces animaux se soutiennent entre eux, et comme certains de leurs appels de détresse les mettent tous en fureur contre l'ennemi commun; d'ailleurs, ils en voulaient depuis longtemps à Emmi, qui ne leur prodiguait jamais ni caresses ni compliments. Ils se rassemblèrent en criant à qui mieux mieux et l'entourèrent pour le dévorer. Le pauvre enfant prit la fuite, ils le poursuivirent ; ces bêtes ont, vous le savez, l'allure effroyablement prompte ; il n'eut que le temps d'atteindre le gros chêne, d'en escalader les aspérités et de se réfugier dans les branches. Le farouche troupeau resta au pied, hurlant, menaçant, essayant de fouir pour abattre l'arbre. Mais le chêne parlant avait de formidables racines qui se moquaient bien d'un troupeau de cochons. Les assaillants ne renoncèrent pourtant à leur entreprise qu'après le coucher du soleil. Alors, ils se décidèrent à regagner la ferme, et le petit Emmi, certain qu'ils le dévoreraient s'il y allait avec eux, résolut de n'y retourner jamais.

Il savait bien que le chêne passait pour être un arbre enchanté, mais il avait trop à se plaindre des vivants pour craindre beaucoup les esprits. Il n'avait vécu que de misère et de coups; sa tante était très-dure pour lui : elle l'obligeait à garder les porcs, lui qui en avait toujours eu horreur. Il était né comme cela, elle lui en faisait un crime, et, quand il venait la voir en la suppliant de le reprendre avec elle, elle le recevait, comme on dit, avec une volée de bois vert. Il la craignait donc beaucoup, et tout son désir eût été de garder les moutons dans une autre ferme où les gens eussent été moins avares et moins mauvais pour lui.

Dans le premier moment après le départ des pourceaux, il ne sentit que le plaisir d'être débarrassé de leurs cris farouches et de leurs menaces, et il résolut de passer la nuit où il était. Il avait encore du pain dans son sac de toile bise, car, durant le siége qu'il avait soutenu, il n'avait pas eu envie de manger. Il en mangea la moitié, réservant le reste pour son déjeuner; après cela, à la grâce de Dieu!

Les enfants dorment partout. Pourtant Emmi ne dormait guère. Il était malingre, souvent fiévreux, et rêvait plutôt qu'il ne se reposait l'esprit durant son sommeil. Il s'installa du mieux qu'il put entre deux maîtresses branches garnies de mousse, et il eut grande envie de dormir; mais le vent qui faisait mugir le feuillage et grincer les branches l'effraya, et il se mit à songer aux mauvais esprits, tant et si bien qu'il s'imagina entendre une voix grêle et fâchée qui lui disait à plusieurs reprises :

— Va-t'en, va-t'en d'ici!

D'abord Emmi, tremblant et la gorge serrée, ne songea point à répondre; mais, comme, en même temps que le vent s'apaisait, la voix du chêne s'adoucissait et semblait lui murmurer à l'oreille d'un ton maternel et caressant : « Va-t'en,

Emmi, va-t'en ! » Emmi se sentit le courage
de répondre :

— Chêne, mon beau chêne, ne me renvoie
pas. Si je descends, les loups qui courent la nuit
me mangeront.

— Va, Emmi, va ! reprit la voix encore plus
radoucie.

— Mon bon chêne parlant, reprit aussi Emmi
d'un ton suppliant, ne m'envoie pas avec les
loups. Tu m'as sauvé des porcs, tu as été doux
pour moi, sois-le encore. Je suis un pauvre enfant malheureux, et je ne puis ni ne voudrais
te faire aucun mal : garde-moi cette nuit; si
tu l'ordonnes, je m'en irai demain matin.

La voix ne répliqua plus, et la lune argenta
faiblement les feuilles. Emmi en conclut qu'il lui
était permis de rester, ou bien qu'il avait rêvé
les paroles qu'il avait cru entendre. Il s'endormit
et, chose étrange, il ne rêva plus et ne fit plus
qu'un somme jusqu'au jour. Il descendit alors et
secoua la rosée qui pénétrait son pauvre vêtement.

— Il faut pourtant, se dit-il, que je retourne au
village, je dirai à ma tante que mes porcs ont

1.

voulu me manger, que j'ai été obligé de coucher sur un arbre, et elle me permettra d'aller chercher une autre condition.

Il mangea le reste de son pain; mais, au moment de se remettre en route, il voulut remercier le chêne qui l'avait protégé le jour et la nuit.

— Adieu et merci, mon bon chêne, dit-il en baisant l'écorce, je n'aurai plus jamais peur de toi, et je reviendrai te voir pour te remercier encore.

Il traversa la lande, et il se dirigeait vers la chaumière de sa tante, lorsqu'il entendit parler derrière le mur du jardin de la ferme.

— Avec tout ça, disait un des gars, notre porcher n'est pas revenu, on ne l'a pas vu chez sa tante, et il a abandonné son troupeau. C'est un sans-cœur et un paresseux à qui je donnerai une jolie roulée de coups de sabot, pour le punir de me faire mener ses bêtes aux champs aujourd'hui à sa place.

— Qu'est-ce que ça te fait, de mener les porcs? dit l'autre gars.

— C'est une honte à mon âge, reprit le premier : cela convient à un enfant de dix ans, comme le petit Emmi; mais, quand on en a douze, on a droit à garder les vaches ou tout au moins les veaux.

Les deux gars furent interrompus par leur père.

— Allons vite, dit-il, à l'ouvrage! Quant à ce porcher de malheur, si les loups l'ont mangé, c'est tant pis pour lui; mais, si je le retrouve vivant, je l'assomme. Il aura beau aller pleurer chez sa tante, elle est décidée à le faire coucher avec les cochons pour lui apprendre à faire le fier et le dégoûté.

Emmi, épouvanté de cette menace, se le tint pour dit. Il se cacha dans une meule de blé, où il passa la journée. Vers le soir, une chèvre qui rentrait à l'étable, et qui s'attardait à lécher je ne sais quelle herbe, lui permit de la traire. Quand il eut rempli et avalé deux ou trois fois le contenu de sa sébile de bois, il se renfonça dans les gerbes jusqu'à la nuit. Quand il fit tout à fait sombre et que tout le monde fut couché, il se glissa jusqu'à son grenier et y prit diverses choses qui lui appartenaient, quelques

écus gagnés par lui que le fermier lui avait remis
la veille et dont sa tante n'avait pas encore eu le
temps de le dépouiller, une peau de chèvre et
une peau de mouton dont il se servait l'hiver, un
couteau neuf, un petit pot de terre, un peu de
linge fort déchiré. Il mit le tout dans son sac,
descendit dans la cour, escalada la barrière et s'en
alla à petits pas pour ne pas faire de bruit; mais,
comme il passait près de l'étable à porcs, ces mau-
dites bêtes le sentirent ou l'entendirent et se prirent
à crier avec fureur. Alors, Emmi, craignant que
les fermiers, réveillés dans leur premier sommeil,
ne se missent à ses trousses, prit sa course et ne
s'arrêta qu'au pied du chêne parlant.

— Me voilà revenu, mon bon ami, lui dit-il.
Permets-moi de passer encore une nuit dans tes
branches. Dis si tu le veux!

Le chêne ne répondit pas. Le temps était
calme, pas une feuille ne bougeait. Emmi pensa
que qui ne dit mot consent. Tout chargé qu'il
était, il se hissa adroitement jusqu'à la grosse
enfourchure où il avait passé la nuit précédente,
et il y dormit parfaitement bien.

Le jour venu, il se mit en quête d'un endroit convenable pour cacher son argent et son bagage, car il n'était encore décidé à rien sur les moyens de s'éloigner du pays sans être vu et ramené de force à la ferme. Il grimpa au-dessus de la place où il se trouvait. Il découvrit alors dans le tronc principal du gros arbre un trou noir fait par la foudre depuis bien longtemps, car le bois avait formé tout autour un gros bourrelet d'écorce. Au fond de cette cachette, il y avait de la cendre et de menus éclats de bois hachés par le tonnerre.

— Vraiment, se dit l'enfant, voilà un lit très-doux et très-chaud où je dormirai sans risque de tomber en rêvant. Il n'est pas grand, mais il l'est assez pour moi. Voyons pourtant s'il n'est pas habité par quelque méchante bête.

Il fureta tout l'intérieur de ce refuge, et vit qu'il était percé par en haut, ce qui devait amener un peu d'humidité dans les temps de pluie. Il se dit qu'il était bien facile de boucher ce trou avec de la mousse. Une chouette avait fait son nid dans le conduit.

— Je ne te dérangerai pas, pensa Emmi, mais je fermerai la communication. Comme cela, nous serons chacun chez nous.

Quand il eut préparé son nid pour la nuit suivante et installé son bagage en sûreté, il s'assit dans son trou, les jambes dehors appuyées sur une branche, et se mit à songer vaguement à la possibilité de vivre dans un arbre; mais il eût souhaité que cet arbre fût au cœur de la forêt au lieu d'être auprès de la lisière, exposé aux regards des bergers et porchers qui y amenaient leurs troupeaux. Il ne pouvait prévoir que, par suite de sa disparition, l'arbre deviendrait un objet de crainte, et que personne n'en approcherait plus.

La faim commençait à se faire sentir, et, bien qu'il fût très-petit mangeur, il se ressentait bien de n'avoir rien pris de solide la veille. Irait-il déterrer les favasses encore vertes qu'il avait remarquées à quelques pas de là? ou irait-il jusqu'aux châtaigniers qui poussaient plus avant dans la forêt?

Comme il se préparait à descendre, il vit que

la branche sur laquelle reposaient ses pieds n'appartenait pas à son chêne. C'était celle d'un arbre voisin qui entre-croisait ses belles et fortes ramures avec celles du chêne parlant. Emmi se hasarda sur cette branche et gagna le chêne voisin qui avait, lui aussi, pour proche voisin un autre arbre facile à atteindre. Emmi, léger comme un écureuil, s'aventura ainsi d'arbre en arbre jusqu'aux châtaigniers où il fit une bonne récolte. Les châtaignes étaient encore petites et pas très-mûres; mais il n'y regardait pas de bien près, et il mit comme qui dirait pied à terre pour les faire cuire dans un endroit bien désert et bien caché où les charbonniers avaient fait autrefois une fournée. Le rond marqué par le feu était entouré de jeunes arbres qui avaient repoussé depuis : il y avait beaucoup de menus déchets à demi brûlés. Emmi n'eut pas de peine à en faire un tas et à y mettre le feu au moyen d'un caillou qu'il battit du dos de son couteau, et il recueillit l'étincelle avec des feuilles sèches, tout en se promettant de faire provision d'amadou sur les arbres décrépits, qui ne manquaient pas dans la forêt. L'eau d'une rigole lui permit de faire cuire ses châtaignes dans son petit pot de terre, à couvercle percé, destiné à cet usage. C'est un meuble dont en ce pays-là tout pâtour est nanti.

Emmi, qui ne rentrait souvent que le soir à la ferme, à cause de la grande distance où il devait mener ses bêtes, était donc habitué à se nourrir lui-même, et il ne fut pas embarrassé de cueillir son dessert de framboises et de mûres sauvages sur les buissons de la petite clairière.

— Voilà, pensa-t-il, ma cuisine et ma salle à manger trouvées.

Et il se mit à nettoyer le cours du filet d'eau qu'il avait à sa portée. Avec sa sarclette, il enleva les herbes pourries, creusa un petit réservoir, débarrassa un petit saut que l'eau faisait dans la glaise et l'épura avec du sable et des cailloux. Cet ouvrage l'occupa jusque vers le coucher du soleil. Il ramassa son pot et sa houlette, et, remontant sur les branches dont il avait éprouvé la solidité, il retrouva son chemin d'écureuil, grimpant et sautant d'arbre en arbre jusqu'à son chêne. Il rapportait une épaisse brassée de fougère et de mousse bien sèche dont il fit son lit dans le trou déjà nettoyé. Il entendit bien la chouette sa voisine qui s'inquiétait et grognait au-dessus de sa tête.

— Ou elle délogera, pensa-t-il, ou elle s'y habituera. Le bon chêne ne lui appartient pas plus qu'à moi.

Habitué à vivre seul, Emmi ne s'ennuya pas. Être débarrassé de la compagnie des pourceaux fut même pour lui une source de bonheur pendant plusieurs jours. Il s'accoutuma à entendre hurler les loups. Il savait qu'ils restaient au cœur de la forêt et n'approchaient guère de la région où il se trouvait. Les troupeaux n'y venant plus, les compères ne s'en approchaient plus du tout. Et puis Emmi apprit à connaître leurs habitudes. En pleine forêt, il n'en rencontrait jamais dans les journées claires. Ils n'avaient de hardiesse que dans les temps de brouillard, et encore cette hardiesse n'était-elle pas grande. Ils suivaient quelquefois Emmi à distance, mais il lui suffisait de se retourner et d'imiter le bruit d'un fusil qu'on arme en frappant son couteau contre le fer de sa sarclette pour les mettre en fuite. Quant aux sangliers, Emmi les entendait quelquefois, il ne les voyait jamais ; ce sont des animaux mystérieux qui n'attaquent jamais les premiers.

Quand il vit approcher l'époque de la cueillette des châtaignes, il fit sa provision qu'il cacha dans un autre arbre creux à peu de distance de son chêne ; mais les rats et les mulots les lui disputèrent si bien, qu'il dut les enterrer dans le sable, où elles se conservèrent jusqu'au printemps. D'ailleurs, Emmi avait largement de quoi se nourrir. La lande étant devenue absolument déserte, il put s'aventurer la nuit jusqu'aux endroits cultivés et y déterrer des pommes de terre et des raves ; mais c'était voler et la chose lui répugnait. Il amassa quantité de favasses dans les jachères et fit des lacets pour prendre des alouettes en ramassant deçà et delà des crins laissés aux buissons par les chevaux au pâturage. Les pâtours savent tirer parti de tout et ne laissent rien perdre. Emmi ramassa assez de flocons de laine sur les épines des clôtures pour se faire une espèce d'oreiller ; plus tard, il se fabriqua une quenouille et un fuseau et apprit tout seul à filer. Il se fit des aiguilles à tricoter avec du fil de fer qu'il trouva à une barrière mal raccommodée, qu'on répara encore et qu'il dépouilla de nouveau pour fabriquer des collets à prendre les lapins. Il réussit donc à se faire des bas et à manger de la viande. Il devint un chasseur des plus habiles ; épiant jour et nuit toutes les habitudes du gibier, initié à tous les mystères de la lande et de la forêt, il tendit ses piéges à coup sûr et se trouva dans l'abondance.

Il eut même du pain à discrétion, grâce à une vieille mendiante idiote, qui, toutes les semaines, passait au pied du chêne et y déposait sa besace pleine, pour se reposer. Emmi, qui la guettait, descendait de son arbre, la tête couverte de sa peau de chèvre, et lui donnait une pièce de gibier en échange d'une partie de son pain. Si elle avait peur de lui, sa peur ne se manifestait que par un rire stupide et une obéissance dont elle n'avait du reste point à se repentir.

Ainsi se passa l'hiver, qui fut très-doux, et l'été suivant, qui fut chaud et orageux. Emmi eut d'abord grand'peur du tonnerre, car la foudre frappa plusieurs fois des arbres assez proches du sien ; mais il remarqua que le chêne parlant, ayant été écimé longtemps auparavant et s'étant refait une cime en parasol, n'attirait plus le fluide, qui s'attaquait à des arbres plus élevés et de forme conique. Il finit par dormir aux roulements et aux éclats du tonnerre sans plus de souci que la chouette sa voisine.

Dans cette solitude, Emmi, absorbé par le soin incessant d'assurer sa vie et de préserver sa liberté, n'eut pas le temps de connaître l'ennui. On pouvait le traiter de paresseux, il savait bien, lui, qu'il avait plus de mal à se donner pour vivre seul que s'il fût resté à la ferme. Il acquérait aussi plus d'intelligence, de courage et de prévision que dans la vie ordinaire. Pourtant, quand cette vie exceptionnelle fut réglée à souhait et qu'elle exigea moins de temps et de souci, il commença à réfléchir et à sentir sa petite conscience lui adresser certaines questions embarrassantes. Pourrait-il vivre toujours ainsi aux dépens de la forêt sans servir personne et sans contenter aucun de ses semblables? Il s'était pris d'une espèce d'amitié pour la vieille Catiche, l'idiote qui lui cédait son pain en échange de ses lapins et de ses chapelets d'alouettes. Comme elle n'avait pas de mémoire, ne parlait presque pas et ne racontait par conséquent à personne ses entrevues avec lui, il était arrivé à se montrer à elle à visage découvert, et elle ne le craignait plus. Ses rires hébétés laissaient deviner une expression de plaisir quand elle le voyait descendre de son arbre. Emmi s'étonnait lui-même de partager ce plaisir; il ne se disait pas, mais il sentait que la présence d'une créature humaine, si dégradée qu'elle soit, est une sorte de bienfait pour celui qui s'est condamné à vivre seul. Un jour qu'elle lui semblait moins abrutie que de coutume, il essaya de lui parler et de lui demander où elle demeurait. Elle cessa tout à coup de rire, et lui dit d'une voix nette et d'un ton sérieux :

— Veux-tu venir avec moi, petit?

— Où?

— Dans ma maison; si tu veux être mon fils, je te rendrai riche et heureux.

Emmi s'étonna beaucoup d'entendre parler distinctement et raisonnablement la vieille Catiche. La curiosité lui donnait quelque envie de la croire, mais un coup de vent agita les branches au-dessus de sa tête, et il entendit la voix du chêne lui dire :

— N'y va pas!

— Bonsoir et bon voyage, dit-il à la vieille; mon arbre ne veut pas que je le quitte.

— Ton arbre est un sot, reprit-elle, ou plutôt c'est toi qui es une bête de croire à la parole des arbres.

— Vous croyez que les arbres ne parlent pas? Vous vous trompez bien!

— Tous les arbres parlent quand le vent se met après eux, mais ils ne savent pas ce qu'ils disent; c'est comme s'ils ne disaient rien.

Emmi fut fâché de cette explication positive d'un fait merveilleux. Il répondit à Catiche :

— C'est vous qui radotez, la vieille. Si tous les

arbres font comme vous, mon chêne du moins sait ce qu'il veut et ce qu'il dit.

La vieille haussa les épaules, ramassa sa besace et s'éloigna en reprenant son rire d'idiote.

Emmi se demanda si elle jouait un rôle ou si elle avait des moments lucides. Il la laissa partir et la suivit, en se glissant d'arbre en arbre sans qu'elle s'en aperçût. Elle n'allait pas vite et marchait le dos courbé, la tête en avant, la bouche entr'ouverte, l'œil fixé droit devant elle; mais cet air exténué ne l'empêchait pas d'avancer toujours sans se presser ni se ralentir, et elle traversa ainsi la forêt pendant trois bonnes heures de marche, jusqu'à un pauvre hameau perché sur une colline derrière laquelle d'autres bois s'étendaient à perte de vue. Emmi la vit entrer dans une méchante cahute isolée des autres habitations, qui, pour paraître moins misérables, n'en étaient pas moins un assemblage de quelques douzaines de taudis. Il n'osa pas s'aventurer plus loin que les derniers arbres de la forêt et revint sur ses pas, bien convaincu que, si la Catiche avait un *chez elle,* il était plus pauvre et plus laid que le trou de l'arbre parlant.

Il regagna son logis du grand chêne et n'y arriva que vers le soir, harassé de fatigue, mais content de se retrouver chez lui. Il avait gagné à ce voyage de connaître l'étendue de la forêt et la proximité d'un village ; mais ce village paraissait bien plus mal partagé que celui de Cernas, où Emmi avait été élevé. C'était tout pays de landes sans trace de culture, et les rares bestiaux qu'il avait vus paître autour des maisons n'avaient que la peau sur les os. Au delà, il n'avait aperçu que les sombres horizons des forêts. Ce n'est donc pas de ce côté-là qu'il pouvait songer à trouver une condition meilleure que la sienne.

Au bout de la semaine, la Catiche arriva à l'heure ordinaire. Elle revenait de Cernas, et il lui demanda des nouvelles de sa tante pour voir si cette vieille aurait le pouvoir et la volonté de lui répondre comme la dernière fois. Elle répondit très-nettement :

— La grand'Nanette est remariée, et, si tu

retournes chez elle, elle tâchera de te faire mourir pour se débarrasser de toi.

— Parlez-vous raisonnablement? dit Emmi; et me dites-vous la vérité?

— Je te dis la vérité. Tu n'as plus qu'à te rendre à ton maître pour vivre avec les cochons, ou à chercher ton pain avec moi, ce qui te vaudrait mieux que tu ne penses. Tu ne pourras pas toujours vivre dans la forêt. Elle est vendue, et sans doute on va abattre les vieux arbres. Ton chêne y passera comme les autres. Crois-moi, petit. On ne peut vivre nulle part sans gagner de l'argent. Viens avec moi, tu m'aideras à en gagner beaucoup, et, quand je mourrai, je te laisserai celui que j'ai.

Emmi était si étonné d'entendre causer et raisonner l'idiote, qu'il regarda son arbre et prêta l'oreille comme s'il lui demandait conseil.

— Laisse donc cette vieille bûche tranquille, reprit la Catiche. Ne sois pas si sot et viens avec moi.

Comme l'arbre ne disait mot, Emmi suivit la vieille, qui, chemin faisant, lui révéla son secret.

« — Je suis venue au monde loin d'ici, pauvre comme toi et orpheline. J'ai été élevée dans la misère et les coups. J'ai gardé aussi les cochons, et, comme toi, j'en avais peur. Comme toi, je me suis sauvée; mais, en traversant une rivière sur un vieux pont décrépit, je suis tombée à l'eau d'où on m'a retirée comme morte. Un bon médecin chez qui on m'a portée m'a fait revenir à la vie; mais j'étais idiote, sourde, et ne pouvant presque plus parler. Il m'a gardée par charité, et, comme il n'était pas riche, le curé de l'endroit a fait des quêtes pour moi, et les dames m'ont apporté des habits, du vin, des douceurs, tout ce qu'il me fallait. Je commençais à me porter mieux, j'étais si bien soignée! Je mangeais de la bonne viande, je buvais du bon vin sucré, j'avais l'hiver du feu dans ma chambre, j'étais comme une princesse, et le médecin était content. Il disait :

» — La voilà qui entend ce qu'on lui dit. Elle retrouve les mots pour parler. Dans deux ou trois mois d'ici, elle pourra travailler et gagner honnêtement sa vie.

» Et toutes les belles dames se disputaient à qui me prendrait chez elle.

» Je ne fus donc pas embarrassée pour trouver une place aussitôt que je fus guérie; mais je n'avais pas le goût du travail, et on ne fut pas content de moi. J'aurais voulu être fille de chambre, mais je ne savais ni coudre ni coiffer; on me faisait tirer de l'eau au puits et plumer la volaille, cela m'ennuyait. Je quittai l'endroit, croyant être mieux ailleurs. Ce fut encore pire, on me traitait de malpropre et de paresseuse. Mon vieux médecin était mort. On me chassa de maison en maison, et, après avoir été l'enfant chéri de tout le monde, je dus quitter le pays comme j'y étais venue, en mendiant mon pain; mais j'étais plus misérable qu'auparavant. J'avais pris le goût d'être heureuse, et on me donnait si peu, que j'avais à peine de quoi manger. On me trouvait trop grande et de trop bonne mine pour mendier. On me disait :

» — Va travailler, grande fainéante! c'est une honte à ton âge de courir les chemins quand on peut épierrer les champs à six sous par jour.

» Alors, je fis la boiteuse pour donner à croire que je ne pouvais pas travailler ; on trouva que j'étais encore trop forte pour ne rien faire, et je dus me rappeler le temps où tout le monde avait pitié de moi, parce que j'étais idiote. Je sus retrouver l'air que j'avais dans ce temps-là, mon habitude de ricaner au lieu de parler, et je fis si bien mon personnage, que les sous et les miches recommencèrent à pleuvoir dans ma besace. C'est comme cela que je cours depuis une quarantaine d'années, sans jamais essuyer de refus. Ceux qui ne peuvent me donner d'argent me donnent du fromage, des fruits et du pain plus que je n'en peux porter. Avec ce que j'ai de trop pour moi, j'élève des poulets que j'envoie au marché et qui me rapportent gros. J'ai une bonne maison dans un village où je vais te conduire. Le pays est malheureux, mais les habitants ne le sont pas. Nous sommes tous mendiants et infirmes, ou soi-disant tels, et chacun fait sa tournée dans un endroit où les autres sont convenus de ne pas aller ce jour-là. Comme ça, chacun fait ses affaires comme il veut ; mais personne ne les fait aussi bien que moi, car je m'entends mieux que personne à paraître incapable de gagner ma vie. »

— Le fait est, répondit Emmi, que jamais je ne vous aurais crue capable de parler comme vous faites.

— Oui, oui, reprit la Catiche en riant, tu as voulu m'attraper et m'effrayer en descendant de ton arbre, coiffé en loup-garou, pour avoir du pain. Moi, je faisais semblant d'avoir peur, mais je te reconnaissais bien et je me disais : « Voilà un pauvre gars qui viendra quelque jour à *Oursines-les-Bois*, et qui sera bien content de manger ma soupe. »

En devisant ainsi, Emmi et la Catiche arrivèrent à Oursines-les-Bois ; c'était le nom de l'endroit où demeurait la fausse idiote et qu'Emmi avait déjà vu.

Il n'y avait pas une âme dans ce triste hameau. Les animaux paissaient çà et là, sans être gardés, sur une lande fertile en chardons, qui était toute la propriété communale des habitants. Une malpropreté révoltante dans les chemins boueux qui servaient de rues, une odeur infecte s'exhalant de toutes les maisons, du linge déchiré séchant sur des buissons souillés par la volaille, des toits de chaume pourri, où poussaient des orties, un air d'abandon cynique, de pauvreté simulée ou volontaire, c'était de quoi soulever de dégoût le cœur d'Emmi, habitué aux verdures vierges et aux bonnes senteurs de la forêt. Il suivit pourtant la vieille Catiche, qui le fit entrer dans sa hutte de terre battue, plus semblable à une étable à porcs qu'à une habitation. L'intérieur était tout différent : les murs étaient garnis de paillassons, et le lit avait matelas et couvertures de bonne laine. Une quantité de provisions de toute sorte : blé, lard, légumes et fruits, tonnes de vin et même bouteilles cachetées. Il y avait de tout, et, dans l'arrière-cour, l'épinette était remplie de grasses volailles et de canards gorgés de pain et de son.

— Tu vois, dit la Catiche à Emmi, que je suis autrement riche que ta tante ; elle me fait l'aumône toutes les semaines, et, si je voulais, je porterais de meilleurs habits que les siens. Veux-tu voir mes armoires? Rentrons, et, comme tu dois avoir faim, je vas te faire manger un souper comme tu n'en as goûté de ta vie.

En effet, tandis qu'Emmi admirait le contenu des armoires, la vieille alluma le feu et tira de sa besace une tête de chèvre, qu'elle fricassa avec des rogatons de toute sorte et où elle n'épargna ni le sel, ni le beurre rance, ni les légumes avariés, produit de la dernière tournée. Elle en fit je ne sais quel plat, qu'Emmi mangea avec plus d'étonnement que de plaisir et qu'elle le força d'arroser d'une demi-bouteille de vin bleu. Il n'avait jamais bu de vin, il ne le trouva pas bon, mais il but quand même, et, pour lui donner l'exemple, la vieille avala une bouteille entière, se grisa et devint tout à fait expansive. Elle se vanta de savoir voler encore mieux que mendier et alla jusqu'à lui montrer sa bourse, qu'elle enterrait sous une pierre du foyer et qui contenait des pièces d'or à toutes les effigies du siècle. Il y en avait bien pour deux mille francs. Emmi, qui ne savait pas compter, n'apprécia pas autant qu'elle l'eût voulu l'opulence de la mendiante.

Quand elle lui eut tout montré :

— A présent, lui dit-elle, je pense que tu ne voudras plus me quitter. J'ai besoin d'un gars, et, si tu veux être à mon service, je te ferai mon héritier.

— Merci, répondit l'enfant; je ne veux pas mendier.

— Eh bien, soit, tu voleras pour moi.

Emmi eut envie de se fâcher, mais la vieille avait parlé de le conduire le lendemain à Mauvert, où se tenait une grande foire, et, comme il avait envie de voir du pays et de connaître les endroits où on peut gagner sa vie honnêtement, il répondit sans montrer de colère :

— Je ne saurais pas voler, je n'ai jamais appris.

— Tu mens, reprit Catiche, tu voles très-habilement à la forêt de Cernas son gibier et ses fruits. Crois-tu donc que ces choses-là n'appartiennent à personne? Ne sais-tu pas que celui qui ne travaille pas ne peut vivre qu'aux dépens d'autrui? Il y a longtemps que cette forêt est quasi abandonnée. Le propriétaire était un vieux riche qui ne s'occupait plus de rien et ne la faisait pas seulement garder. A présent qu'il est mort, tout ça va changer et tu auras beau te cacher comme un rat dans des trous d'arbres, on te mettra la main sur le collet et on te conduira en prison.

— Eh bien, alors, reprit Emmi, pourquoi voulez-vous m'enseigner à voler pour vous?

— Parce que, quand on sait, on n'est jamais pris. Tu réfléchiras, il se fait tard, et il faut nous lever demain avec le jour pour aller à la foire. Je vais t'arranger un lit sur mon coffre, un bon lit avec une *couette* et une couverture. Pour la première fois de ta vie, tu dormiras comme un prince.

Emmi n'osa résister. Quand la vieille Catiche ne faisait plus l'idiote, elle avait quelque chose d'effrayant dans le regard et dans la voix. Il se coucha et s'étonna d'abord de se trouver si bien; mais, au bout d'un instant, il s'étonna de se trouver si mal. Ce gros coussin de plumes l'étouffait, la couverture, le manque d'air libre, la mauvaise odeur de la cuisine et le vin qu'il avait bu, lui donnaient la fièvre. Il se leva tout effaré en disant qu'il voulait dormir dehors, et qu'il mourrait s'il lui fallait passer la nuit enfermé.

La Catiche ronflait, et la porte était barricadée. Emmi se résigna à dormir étendu sur la table, regrettant fort son lit de mousse dans le chêne.

Le lendemain, la Catiche lui confia un panier d'œufs et six poules à vendre, en lui ordonnant de la suivre à distance et de n'avoir pas l'air de la connaître.

— Si on savait que je vends, lui dit-elle, on ne me donnerait plus rien.

Elle lui fixa le prix qu'il devait atteindre avant de livrer sa marchandise, tout en ajoutant qu'elle ne le perdrait pas de vue, et que, s'il ne lui rapportait pas fidèlement l'argent, elle saurait bien le forcer à le lui rendre.

— Si vous vous défiez de moi, répondit Emmi offensé, portez votre marchandise vous-même et laissez-moi m'en aller.

— N'essaye pas de fuir, dit la vieille, je saurai te retrouver n'importe où ; ne réplique pas et obéis.

Il la suivit à distance comme elle l'exigeait, et vit bientôt le chemin couvert de mendiants plus affreux les uns que les autres. C'étaient les habitants d'Oursines, qui, ce jour-là, allaient tous ensemble se faire guérir à une fontaine miraculeuse. Tous étaient estropiés ou couverts de plaies hideuses. Tous sortaient de la fontaine sains et allègres. Le miracle n'était pas difficile à expliquer, tous leurs maux étant simulés et les reprenant au bout de quelques semaines, pour être guéris le jour de la fête suivante.

Emmi vendit ses œufs et ses poules, en reporta vite l'argent à la vieille, et, lui tournant le dos, s'en fut à travers la foule, les yeux écarquillés, admirant tout et s'étonnant de tout. Il vit des saltimbanques faire des tours surprenants, et il s'était même un peu attardé à contempler leurs maillots pailletés et leurs bandeaux dorés, lorsqu'il entendit à côté de lui un singulier dialogue. C'était la voix de la Catiche qui s'entretenait avec la voix rauque du chef des saltimbanques. Ils n'étaient séparés de lui que par la toile de la baraque.

— Si vous voulez lui faire boire du vin, disait la Catiche, vous lui persuaderez tout ce que vous voudrez. C'est un petit innocent qui ne peut me servir à rien et qui prétend vivre tout seul dans la forêt, où il perche depuis un an dans un vieux arbre. Il est aussi leste et aussi adroit qu'un singe, il ne pèse pas plus qu'un chevreau, et vous lui ferez faire les tours les plus difficiles.

— Et vous dites qu'il n'est pas intéressé? reprit le saltimbanque.

— Non, il ne se soucie pas de l'argent. Vous le nourrirez, et il n'aura pas l'esprit d'en demander davantage.

— Mais il voudra se sauver?

— Bah! avec des coups, vous lui en ferez passer l'envie.

— Allez me le chercher; je veux le voir.

— Et vous me donnerez vingt francs?

— Oui, s'il me convient.

La Catiche sortit de la baraque et se trouva face à face avec Emmi, à qui elle fit signe de la suivre.

— Non pas, lui dit-il, j'ai entendu votre marché. Je ne suis pas si innocent que vous croyez. Je ne veux pas aller avec ces gens-là pour être battu.

— Tu y viendras, pourtant, répondit la Catiche en lui prenant le poignet avec une main de fer et en l'attirant vers la baraque.

— Je ne veux pas, je ne veux pas! cria l'enfant en se débattant et en s'accrochant de la main restée libre à la blouse d'un homme qui était près de lui et qui regardait le spectacle.

L'homme se retourna, et, s'adressant à la Catiche, lui demanda si ce petit était à elle.

— Non, non, s'écria Emmi, elle n'est pas ma mère, elle ne m'est rien, elle veut me vendre un louis d'or à ces comédiens!

— Et toi, tu ne veux pas?

— Non, je ne veux pas! sauvez-moi de ses griffes. Voyez! elle me met en sang.

— Qu'est-ce qu'il y a *de* cette femme et *de* cet enfant? dit le beau gendarme Érambert, attiré par les cris d'Emmi et les vociférations de la Catiche.

— Bah! ça n'est rien, répondit le paysan

qu'Emmi tenait toujours par sa blouse. C'est une pauvresse qui veut vendre un gars aux sauteurs de corde; mais on l'empêchera bien, gendarme, on n'a pas besoin de vous.

— On a toujours besoin de la gendarmerie, mon ami. Je veux savoir ce qu'il y a *de* cette histoire-là.

Et, s'adressant à Emmi :

— Parle, jeune homme, explique-moi l'affaire.

A la vue du gendarme, la vieille Catiche avait lâché Emmi et avait essayé de fuir; mais le majestueux Érambert l'avait saisie par le bras, et vite elle s'était mise à rire et à grimacer en reprenant sa figure d'idiote. Pourtant, au moment où Emmi allait répondre, elle lui lança un regard suppliant où se peignait un grand effroi. Emmi avait été élevé dans la crainte des gendarmes, et il s'imagina que, s'il accusait la vieille, Érambert allait lui trancher la tête avec son grand sabre. Il eut pitié d'elle et répondit :

— Laissez-la, monsieur, c'est une femme folle et imbécile qui m'a fait peur, mais qui ne voulait pas me faire de mal.

— La connaissez-vous? n'est-ce pas la Catiche? une femme qui fait semblant *de* ce qu'elle n'est pas? Dites la vérité.

Un nouveau regard de la mendiante donna à Emmi le courage de mentir pour lui sauver la vie.

— Je la connais, dit-il, c'est une *innocente*.

— Je saurai *de* ce qui en est, répondit le beau gendarme en laissant aller la Catiche. Circulez, vieille femme, mais n'oubliez pas que depuis longtemps j'ai l'œil sur vous.

La Catiche s'enfuit, et le gendarme s'éloigna. Emmi, qui avait eu encore plus peur de lui que de la vieille, tenait toujours la blouse du père Vincent. C'était le nom du paysan qui s'était trouvé là pour le protéger, et qui avait une bonne figure douce et gaie.

— Ah çà! petit, dit ce bonhomme à Emmi, tu vas me lâcher à la fin? Tu n'as plus rien à craindre; qu'est-ce que tu veux de moi? cherches-tu ta vie? veux-tu un sou?

— Non, merci, dit Emmi, mais j'ai peur à présent de tout ce monde où me voilà seul sans savoir de quel côté me tourner.

— Et où voudrais-tu aller?

— Je voudrais retourner dans ma forêt de Cernas sans passer par Oursines-les-Bois.

— Tu demeures à Cernas? C'est bien aisé de t'y mener, puisque de ce pas je m'en vas dans la forêt. Tu n'auras qu'à me suivre; j'entre souper sous la ramée, attends-moi au pied de cette croix, je reviendrai te prendre.

Emmi trouva que la croix du village était encore trop près de la baraque des saltimbanques; il aima mieux suivre le père Vincent sous la ramée, d'autant plus qu'il avait besoin de se restaurer avant de se mettre en route.

— Si vous n'avez pas honte de moi, lui dit-il, permettez-moi de manger mon pain et mon fromage à côté de vous. J'ai de quoi payer ma dépense : tenez, voilà ma bourse, vous payerez pour nous deux, car je souhaite payer aussi votre dîner.

— Diable! s'écria en riant le père Vincent, voilà un gars bien honnête et bien généreux; mais j'ai l'estomac creux, et ta bourse n'est guère remplie. Viens, et mets-toi là. Reprends ton argent, petit, j'en ai assez pour nous deux.

Tout en mangeant ensemble, Vincent fit raconter à Emmi toute son histoire. Quand ce fut terminé, il lui dit :

— Je vois que tu as bonne tête et bon cœur, puisque tu ne t'es pas laissé tenter par les louis d'or de cette Catiche, et que pourtant tu n'as pas voulu l'envoyer en prison. Oublie-la et ne quitte plus ta forêt, puisque tu y es bien. Il ne tient qu'à toi de ne plus y être tout à fait seul. Tu sauras que j'y vais pour préparer les logements d'une vingtaine d'ouvriers qui se disposent à abattre le taillis entre Cernas et la Planchette.

— Ah! vous allez abattre la forêt? dit Emmi consterné.

— Non! nous faisons seulement une coupe dans une partie qui ne touche point à ton refuge du chêne parlant, et je sais qu'on ne touchera ni aujourd'hui, ni demain, à la région des vieux arbres. Sois donc tranquille, on ne te dérangera pas; mais, si tu m'en crois, mon petit, tu viendras travailler avec nous. Tu n'es pas assez fort pour manier la serpe et la cognée; mais, si tu es adroit, tu pourras très-bien préparer les liens et t'occuper au fagotage, tout en servant les ouvriers, qui ont toujours besoin d'un gars pour faire leurs commissions et porter leurs repas. C'est moi qui ai l'entreprise de cette coupe. Les ouvriers sont à leurs pièces, c'est-à-dire qu'on les paye en raison du travail qu'ils font. Je te propose de t'en rapporter à moi pour juger de ce qu'il sera raisonnable de te donner, et je te conseille d'accepter. La vieille Catiche a eu raison de te dire que, quand on ne veut pas travailler, il faut être voleur ou mendiant, et, comme tu ne veux être ni l'un ni l'autre, prends vite le travail que je t'offre, l'occasion est bonne.

Emmi accepta avec joie. Le père Vincent lui inspirait une confiance absolue. Il se mit à sa disposition, et ils prirent ensemble le chemin de la forêt.

Il faisait nuit quand ils y arrivèrent, et, quoique le père Vincent connût bien les chemins, il eût été embarrassé de trouver dans l'obscurité la taille des buttes, si Emmi, qui s'était habitué à voir la nuit comme les chats, ne l'eût conduit par le plus court. Ils trouvèrent un abri déjà préparé par les ouvriers, qui y étaient venus dès la veille. Cela consistait en perches placées en pignon avec leurs branchages, et recouvertes de grandes plaques de mousse et de gazon. Emmi fut présenté aux ouvriers et bien accueilli. Il mangea la soupe bien chaude et dormit de tout son cœur.

Le lendemain, il fit son apprentissage : allumer le feu, faire la cuisine, laver les pots, aller chercher de l'eau, et le reste du temps aider à la construction de nouvelles cabanes pour les vingt autres bûcherons qu'on attendait. Le père Vincent, qui commandait et surveillait tout, fut émerveillé de l'intelligence, de l'adresse et de la promptitude d'Emmi. Ce n'est pas lui qui apprenait à tout faire avec rien ; c'est lui qui l'apprenait aux plus malins, et tous s'écrièrent que ce n'était pas un gars, mais un esprit follet que les bons diables de la forêt avaient mis à leur service. Comme, avec tous ses talents et industries, Emmi était obéissant et modeste, il fut pris en amitié, et les plus rudes de ces bûcherons lui parlèrent avec douceur et lui commandèrent avec discrétion.

Au bout de cinq jours, Emmi demanda au père Vincent s'il était libre d'aller faire son dimanche où bon lui semblerait.

— Tu es libre, lui répondit le brave homme; mais, si tu veux m'en croire, tu iras revoir ta tante et les gens de ton village. S'il est vrai que ta tante ne se soucie pas de te reprendre, elle sera contente de te savoir en position de gagner ta vie sans qu'elle s'en mêle, et, si tu penses qu'on te battra à la ferme pour avoir quitté ton troupeau, j'irai avec toi pour apaiser les gens et te protéger. Sois sûr, mon enfant, que le travail est le meilleur des passe-ports et qu'il purifie tout.

Emmi le remercia du bon conseil, et le suivit. Sa tante, qui le croyait mort, eut peur en le voyant; mais, sans lui raconter ses aventures, Emmi lui fit savoir qu'il travaillait avec les bûcherons et qu'il ne serait plus jamais à sa charge. Le père Vincent confirma son dire, et déclara qu'il regardait l'enfant comme sien et en faisait grande estime. Il parla de même à la ferme, où on les obligea de boire et de manger. La grand'Nannette y vint pour embrasser Emmi devant le monde et faire la bonne âme en lui apportant quelques hardes et une demi-douzaine de fromages. Bref, Emmi s'en revint avec le vieux bûcheron, réconcilié avec tout le monde, dégagé de tout blâme et de tout reproche.

Quand ils eurent traversé la lande, Emmi dit à Vincent :

— Ne m'en voudrez-vous point si je vais passer la nuit dans mon chêne ? Je vous promets d'être à la taille des buttes avant soleil levé.

— Fais comme tu veux, répondit le bûcheron ; c'est donc une idée que tu as comme ça de percher ?

Emmi lui fit comprendre qu'il avait pour ce chêne une amitié fidèle, et l'autre l'écouta en souriant, un peu étonné de son idée, mais porté à le croire et à le comprendre. Il le suivit jusque-là et voulut voir sa cachette. Il eut de la peine à grimper assez haut pour l'apercevoir. Il était encore agile et fort, mais le passage entre

3.

les branches était trop étroit pour lui. Emmi seul pouvait se glisser partout.

— C'est bien et c'est gentil, dit le bonhomme en redescendant ; mais tu ne pourras pas coucher là longtemps : l'écorce, en grossissant et en se roulant, finira par boucher l'ouverture, et toi, tu ne seras pas toujours mince comme un fétu. Après ça, si tu y tiens, on peut élargir la fente avec une serpe ; je te ferai cet ouvrage-là, si tu le souhaites.

— Oh non ! s'écria Emmi, tailler dans mon chêne, pour le faire mourir !

— Il ne mourra pas ; un arbre bien taillé dans ses parties malades ne s'en porte que mieux.

— Eh bien, nous verrons plus tard, répondit Emmi.

Ils se souhaitèrent la bonne nuit et se séparèrent.

Comme Emmi se trouva heureux de reprendre possession de son gîte ! Il lui semblait l'avoir quitté depuis un an. Il pensait à l'affreuse nuit qu'il avait passée chez la Catiche et faisait maintenant des réflexions très-justes sur la différence des goûts et le choix des habitudes. Il pensait à tous ces gueux d'Oursines-les-Bois, qui se croyaient riches parce qu'ils cachaient des louis d'or dans leurs paillasses et qui vivaient dans la honte et l'infection, tandis que lui tout seul, sans mendier, il avait dormi plus d'une année dans un palais de feuillage, au parfum des violettes et des mélites, au chant des rossignols et des fauvettes, sans souffrir de rien, sans être humilié par personne, sans disputes, sans maladies, sans rien de faux et de mauvais dans le cœur.

— Tous ces gens d'Oursines, à commencer par la Catiche, se disait-il, ont plus d'argent qu'il ne leur en faudrait pour se bâtir de bonnes petites maisons, cultiver de gentils jardins, élever du bétail sain et propre; mais la paresse les empêche de jouir de ce qu'ils ont, ils se laissent croupir dans l'ignominie. Ils sont comme fiers du dégoût et du mépris qu'ils inspirent, ils se moquent des braves gens qui ont pitié d'eux, ils volent les vrais pauvres, ceux qui souffrent sans se plaindre. Ils se cachent pour compter leur argent et périssent de misère. Quelle folie triste et honteuse, et comme le père Vincent a raison de dire que le travail est ce qui garde et purifie le plaisir de vivre!

Une heure avant le jour, Emmi, qui s'était commandé à lui-même de ne pas dormir trop serré, s'éveilla et regarda autour de lui. La lune s'était levée tard et n'était pas couchée. Les oiseaux ne disaient rien encore. La chouette faisait sa ronde et n'était pas rentrée. Le silence est une belle chose, il est rare dans une forêt, où il y a toujours quelque être qui grimpe ou quelque chose qui tombe. Emmi but ce beau silence comme un rafraîchissement en se rappelant le vacarme étourdissant de la foire, le tam-tam et la grosse caisse des saltimbanques, les disputes des acheteurs et des vendeurs, le grincement des vielles et le mugissement des cornemuses, les cris des animaux ennuyés ou effrayés, les rauques chansons des buveurs, tout ce qui l'avait tour à tour étonné, amusé, épouvanté. Quelle différence avec les voix mystérieuses, discrètes ou imposantes de la forêt! Une faible brise s'éleva avec l'aube et fit frissonner mélodieusement la cime des arbres. Celle du chêne semblait dire :

— Reste tranquille, Emmi ; sois tranquille et content, petit Emmi.

« Tous les arbres parlent, » lui avait dit la Catiche.

— C'est vrai, pensait-il, ils ont tous leur voix et leur manière de gémir ou de chanter ; mais ils ne savent ce qu'ils disent, à ce que prétend cette sorcière. Elle ment : les arbres se plaignent ou se réjouissent innocemment. Elle ne peut pas les comprendre, elle qui ne pense qu'au mal !

Emmi fut aux coupes à l'heure dite et y travailla tout l'été et tout l'hiver suivant. Tous les samedis soir, il allait coucher dans son chêne. Le dimanche, il faisait une courte visite aux habitants de Cernas et revenait à son gîte jusqu'au lundi matin. Il grandissait et restait mince et léger, mais se tenait très-proprement et avait une jolie petite mine éveillée et aimable qui plaisait à tout le monde. Le père Vincent lui apprenait à lire et à compter. On faisait cas de son esprit, et sa tante, qui n'avait pas d'enfants, eût souhaité le retenir auprès d'elle pour lui faire honneur et profit, car il était de bon conseil et paraissait s'entendre à tout.

Mais Emmi n'aimait que les bois. Il en était venu à y voir, à y entendre des choses que n'entendaient ni ne voyaient les autres. Dans les longues nuits d'hiver, il aimait surtout la région des pins, où la neige amoncelée dessinait, le long des rameaux noirs, de grandes belles formes blanches mollement couchées, qui, parfois balancées par la brise, semblaient se mouvoir et s'entretenir mystérieusement. Le plus souvent elles paraissaient dormir, et il les regardait avec un respect mêlé de frayeur. Il eût craint de dire un mot, de faire un mouvement qui eût réveillé ces belles fées de la nuit et du silence. Dans la demi-obscurité des nuits claires où les étoiles scintillaient comme des yeux de diamant en l'absence de la lune, il croyait saisir les formes de ces êtres fantastiques, les plis de leurs robes, les ondulations de leurs chevelures d'argent. Aux approches du dégel, elles changeaient d'aspect et d'attitude, et il les entendait tomber des branches avec un bruit frais et léger, comme si, en touchant la nappe neigeuse du sol, elles eussent pris un souple élan pour s'envoler ailleurs.

Quand la glace emprisonnait le petit ruisseau, il la cassait pour boire, mais avec précaution, pour ne pas abîmer l'édifice de cristal que formait sa petite chute. Il aimait à regarder le long des chemins de la forêt les girandoles du givre et les stalactites irisées par le soleil levant.

Il y avait des soirs où l'architecture transparente des arbres privés de feuilles se dessinait en dentelle noire sur le ciel rouge ou sur le fond nacré des nuages éclairés par la lune. Et, l'été, quelles chaudes rumeurs, quels concerts d'oiseaux sous le feuillage! Il faisait la guerre aux rongeurs et aux fureteurs friands des œufs ou des petits dans les nids. Il s'était fabriqué un arc et des flèches et s'était rendu très-adroit à tuer les rats et les vipères. Il épargnait les belles couleuvres inoffensives qui serpentent avec tant de grâce sur la mousse, et les charmants écureuils, qui ne vivent que des amandes du pin, si adroitement extraites par eux de leur cône.

Il avait si bien protégé les nombreux habitants

de son vieux chêne que tous le connaissaient et le laissaient circuler au milieu d'eux. Il s'imaginait comprendre le rossignol le remerciant d'avoir sauvé sa nichée et disant tout exprès pour lui ses plus beaux airs. Il ne permettait pas aux fourmis de s'établir dans son voisinage; mais il laissait le pivert travailler dans le bois pour en retirer les insectes rongeurs qui le détériorent. Il chassait les chenilles du feuillage. Les hannetons voraces ne trouvaient pas grâce devant lui. Tous les dimanches, il faisait à son cher arbre une toilette complète, et en vérité jamais le chêne ne s'était si bien porté et n'avait étalé une si riche et si fraîche verdure. Emmi ramassait les glands les plus sains et allait les semer sur la lande voisine où il soignait leur première enfance en empêchant la bruyère et la cuscute de les étouffer.

Il avait pris les lièvres en amitié et n'en voulait plus détruire pour sa nourriture. De son arbre, il les voyait danser sur le serpolet, se coucher sur le flanc comme des chiens fatigués, et tout à coup, au bruit d'une feuille sèche qui se détache, bondir avec une grâce comique, et s'arrêter court, comme pour réfléchir après avoir cédé à la peur. Si, en se promenant par les chaudes journées, il se sentait le besoin de faire une sieste, il grimpait dans le premier arbre venu, et, choisissant son gîte, il entendait les ramiers le bercer de leurs grasseyements monotones et caressants; mais il était délicat pour son coucher et ne dormait tout à fait bien que dans son chêne.

Il fallut pourtant quitter cette chère forêt quand la coupe fut terminée et enlevée. Emmi suivit le père Vincent, qui s'en allait à cinq lieues de là, du côté d'Oursines, pour entreprendre une autre coupe dans une autre propriété.

Depuis le jour de la foire, Emmi n'était pas retourné dans ce vilain endroit et n'avait pas aperçu la Catiche. Était-elle morte, était-elle en prison? Personne n'en savait rien. Beaucoup de mendiants disparaissent comme cela sans qu'on puisse dire ce qu'ils sont devenus. Personne ne les cherche ni ne les regrette.

Emmi était très-bon. Il n'avait pas oublié le temps de solitude absolue où, la croyant idiote et misérable, il l'avait vue chaque semaine au pied de son chêne lui apportant le pain dont il était privé et lui faisant entendre le son de la voix humaine. Il confia au père Vincent le désir qu'il avait d'avoir de ses nouvelles, et ils s'arrêtèrent à Oursines pour en demander. C'était jour de fête dans cette cour des miracles. On trinquait et on chantait en choquant les pots. Deux femmes décoiffées, et les cheveux au vent se battaient devant une porte, les enfants barbotaient dans une mare infecte. Sitôt que les deux voyageurs parurent, les enfants s'envolèrent comme une bande de canards sauvages. Leur fuite avertit de proche en proche les habitants. Tout bruit cessa, et les portes se fermèrent. La volaille effarouchée se cacha dans les buissons.

— Puisque ces gens ne veulent pas qu'on voie leurs ébats, dit le père Vincent, et puisque tu connais le logis de la Catiche, allons-y tout droit.

Ils y frappèrent plusieurs fois sans qu'on leur répondît. Enfin une voix cassée cria d'entrer, et ils poussèrent la porte. La Catiche, pâle, maigre, effrayante, était assise sur une grande chaise auprès du feu, ses mains desséchées collées sur les genoux. En reconnaissant Emmi, elle eut une expression de joie.

— Enfin, dit-elle, te voilà, et je peux mourir tranquille !

Elle leur expliqua qu'elle était paralytique et que ses voisines venaient la lever le matin, la coucher le soir et la faire manger à ses heures.

— Je ne manque de rien, ajouta-t-elle, mais j'ai un grand souci. C'est mon pauvre argent qui est là, sous cette pierre où je pose mes pieds. Cet argent, je le destine à Emmi, qui est un bon cœur et qui m'a sauvée de la prison au moment où je voulais le vendre à de mauvaises gens ; mais, sitôt que je serai morte, mes voisines fouilleront partout et trouveront mon trésor : c'est cela qui m'empêche de dormir et de me faire soigner convenablement. Il faut prendre cet argent, Emmi, et l'emporter loin d'ici. Si je meurs, garde-le, je te le donne; ne te l'avais-je pas promis ? Si je reviens à la santé, tu me le rapporteras ; tu es honnête, je te connais. Il sera toujours à toi, mais j'aurai le plaisir de le voir et de le compter jusqu'à ma dernière heure.

Emmi refusa d'abord. C'était de l'argent volé qui lui répugnait; mais le père Vincent offrit à la Catiche de s'en charger pour le lui rendre à sa première réclamation, ou pour le placer au nom d'Emmi, si elle venait à mourir sans le réclamer. Le père Vincent était connu dans tout le pays pour un homme juste qui avait honnêtement amassé du bien, et la Catiche, qui rôdait partout et entendait tout, n'était pas sans savoir qu'on devait se fier à lui. Elle le pria de bien fermer les huisseries de sa cabane, puis de reculer sa chaise, car elle ne pouvait se mouvoir, et de soulever la pierre du foyer. Il y avait bien plus qu'elle n'avait montré la première fois à Emmi. Il y avait cinq bourses de peau et environ cinq mille francs en or. Elle ne voulut garder que trois cents francs en argent pour payer les soins de ses voisins et se faire enterrer.

Et, comme Emmi regardait ce trésor avec dédain:

—Tu sauras plus tard, lui dit la Catiche, que

la misère est un méchant mal. Si je n'étais pas née dans ce mal, je n'aurais pas fait ce que j'ai fait.

— Si vous vous en repentez, lui dit le père Vincent, Dieu vous le pardonnera.

— Je m'en repens, répondit-elle, depuis que je suis paralytique, parce que je meurs dans l'ennui et la solitude. Mes voisins me déplaisent autant que je leur déplais. Je pense à cette heure que j'aurais mieux fait de vivre autrement.

Emmi lui promit de revenir la voir et suivit le père Vincent dans son nouveau travail. Il regretta bien un peu sa forêt de Cernas, mais il avait l'idée du devoir et fit le sien fidèlement. Au bout de huit jours, il retourna vers la Catiche. Il arriva comme on emportait sa bière sur une petite charrette traînée par un âne. Emmi la suivit jusqu'à la paroisse, qui était distante d'un quart de lieue, et assista à son enterrement. Au retour, il vit que tout chez elle était au pillage et qu'on se battait à qui aurait ses nippes. Il ne se repentit plus d'avoir soustrait à ces mauvaises gens le trésor de la vieille.

Quand il fut de retour à la coupe, le père Vincent lui dit :

— Tu es trop jeune pour avoir cet argent-là. Tu n'en saurais pas tirer parti, ou tu te laisserais voler. Si tu m'agrées pour tuteur, je le placerai pour le mieux, et je t'en servirai la rente jusqu'à ta majorité.

— Faites-en ce qu'il vous plaira, répondit Emmi ; je m'en rapporte à vous. Pourtant, si c'est de l'argent volé, comme la vieille s'en vantait, ne vaudrait-il pas mieux essayer de le rendre ?

— Le rendre à qui ? Ç'a été volé sou par sou, puisque cette femme obtenait la charité en trompant le monde et en chipant deçà et delà on ne sait à qui, des choses que nous ne savons pas, et que personne ne songe plus à réclamer. L'argent n'est pas coupable, la honte est pour ceux qui en font mauvais emploi. La Catiche était une champie, elle n'avait pas de famille, elle n'a pas laissé d'héritier ; elle te donne son bien, non pas pour te remercier d'avoir fait quelque chose de mal, mais au confraire parce que tu lui as pardonné celui qu'elle voulait te faire. J'estime donc que c'est pour toi un héritage bien acquis, et qu'en te le donnant cette vieille a fait la seule bonne action de sa vie. Je ne veux pas te cacher qu'avec le revenu que je te servirai, tu as le moyen de ne pas travailler beaucoup ; mais, si tu es, comme je le crois, un vrai bon sujet, tu continueras à travailler de tout ton cœur, comme si tu n'avais rien.

— Je ferai comme vous me conseillez, répondit Emmi. Je ne demande qu'à rester avec vous et à suivre vos commandements.

Le brave garçon n'eut point à se repentir de la confiance et de l'amitié qu'il sentait pour son maître. Celui-ci le regarda toujours comme son fils et le traita en bon père. Quand Emmi fut en âge d'homme, il épousa une des petites-filles du vieux bûcheron, et, comme il n'avait pas touché à son capital, que les intérêts de chaque année avaient grossi, il se trouva riche pour un paysan de ce temps-là. Sa femme était jolie, courageuse et bonne ; on faisait grand cas, dans tout le pays, de ce jeune ménage, et, comme Emmi avait acquis quelque savoir et montrait beaucoup d'intelligence dans sa partie, le propriétaire de la forêt de Cernas le choisit pour son garde général et lui fit bâtir une jolie maison dans le plus bel endroit de la vieille futaie, tout auprès du chêne parlant.

La prédiction du père Vincent s'était facilement réalisée. Emmi était devenu trop grand pour occuper son ancien gîte, et le chêne avait refait tant d'écorce, que la logette s'était presque refermée. Quand Emmi, devenu vieux, vit que la fente allait bientôt se fermer tout à fait, il écrivit avec une pointe d'acier, sur une plaque de cuivre, son nom, la date de son séjour dans l'arbre et les principales circonstances de son histoire, avec cette prière à la fin : « Feu du ciel et vent de la montagne, épargnez mon ami le vieux chêne. Faites qu'il voie encore grandir mes petits-enfants et leurs descendants aussi. Vieux chêne qui m'as parlé, dis-leur aussi quelquefois une bonne parole pour qu'ils t'aiment toujours comme je t'ai aimé. »

Emmi jeta cette plaque écrite dans le creux où il avait longtemps dormi et songé.

La fente s'est refermée tout à fait. Emmi a fini de vivre, et l'arbre vit toujours. Il ne parle plus, ou, s'il parle, il n'y a plus d'oreilles capables de le comprendre. On n'a plus peur de lui, mais l'histoire d'Emmi s'est répandue, et, grâce au bon souvenir que l'homme a laissé, le chêne est toujours respecté et béni.

LE CHIEN ET LA FLEUR SACRÉE

PREMIÈRE PARTIE

LE CHIEN

A GABRIELLE SAND

Nous avions jadis pour voisin de campagne un homme dont le nom prêtait souvent à rire : il s'appelait M. Lechien. Il en plaisantait le premier et ne paraissait nullement contrarié quand les enfants l'appelaient Médor ou Azor.

C'était un homme très-bon, très-doux, un peu froid de manières, mais très-estimé pour la droiture et l'aménité de son caractère. Rien en lui, hormis son nom, ne paraissait bizarre : aussi nous étonna-t-il beaucoup, un jour où son chien avait fait une sottise au milieu du dîner. Au lieu de le gronder ou de le battre, il lui adressa, d'un ton froid et en le regardant fixement, cette étrange mercuriale :

— Si vous agissez ainsi, monsieur, il se passera du temps avant que vous cessiez d'être chien. Je l'ai été, moi qui vous parle, et il m'est arrivé quelquefois d'être entraîné par la gourmandise, au point de m'emparer d'un mets qui ne m'était pas destiné; mais je n'avais pas comme vous l'âge de raison, et d'ailleurs sachez, monsieur, que je n'ai jamais cassé l'assiette.

Le chien écouta ce discours avec une attention soumise; puis il fit entendre un bâillement mélancolique, ce qui, au dire de son maître, n'est pas un signe d'ennui, mais de tristesse chez les chiens; après quoi, il se coucha, le museau allongé sur ses pattes de devant, et parut plongé dans de pénibles réflexions.

Nous crûmes d'abord que, faisant allusion à son nom, notre voisin avait voulu montrer simplement de l'esprit pour nous divertir; mais son air grave et convaincu nous jeta dans la stupeur lorsqu'il nous demanda si nous n'avions aucun souvenir de nos existences antérieures.

— Aucun! fut la réponse générale.

M. Lechien ayant fait du regard le tour de la table, et, nous voyant tous incrédules, s'avisa de regarder un domestique qui venait d'entrer pour remettre une lettre et qui n'était nullement au courant de la conversation.

—Et vous, Sylvain, lui dit-il, vous souvenez-vous de ce que vous avez été avant d'être homme?

Sylvain était un esprit railleur et sceptique.

— Monsieur, répondit-il sans se déconcerter, depuis que je suis homme j'ai toujours été cocher : il est bien probable qu'avant d'être cocher, j'ai été cheval!

— Bien répondu ! s'écria-t-on.

Et Sylvain se retira aux applaudissements des joyeux convives.

— Cet homme a du sens et de l'esprit, reprit notre voisin; il est bien probable, pour parler comme lui, que, dans sa prochaine existence, il ne sera plus cocher, il deviendra maître.

— Et il battra ses gens, répondit un de nous,

comme, étant cocher, il aura battu ses chevaux.

— Je gage tout ce que voudrez, repartit notre ami, que Sylvain ne bat jamais ses chevaux, de même que je ne bats jamais mon chien. Si Sylvain était brutal et cruel, il ne serait pas devenu bon cocher et ne serait pas destiné à devenir maître. Si je battais mon chien, je prendrais le chemin de redevenir chien après ma mort.

On trouva la théorie ingénieuse, et on pressa le voisin de la développer.

— C'est bien simple, reprit-il, et je le dirai en peu de mots. L'esprit, la vie de l'esprit, si vous voulez, a ses lois comme la matière organique qu'il revêt a les siennes. On prétend que l'esprit et le corps ont souvent des tendances opposées; je le nie, du moins je prétends que ces tendances arrivent toujours, après un combat quelconque, à se mettre d'accord pour pousser l'animal qui est le théâtre de cette lutte à reculer ou à avancer dans l'échelle des êtres. Ce n'est pas l'un qui a vaincu l'autre. La vie animale n'est pas si pernicieuse que l'on croit. La vie intellectuelle n'est pas si indépendante que l'on dit. L'être est un; chez lui, les besoins répondent aux aspirations, et réciproquement. Il y a une loi plus forte que ces deux lois, un troisième terme qui concilie l'antithèse établie dans la vie de l'individu ; c'est la loi de la vie générale, et cette loi divine, c'est la progression. Les pas en arrière confirment la vérité de la marche ascendante. Tout être éprouve donc à son insu le besoin d'une transformation honorable, et mon chien, mon cheval, tous les animaux que l'homme a associés de près à sa vie l'éprouvent plus sciemment que les bêtes qui vivent en liberté. Voyez le chien ! cela est plus sensible chez lui que chez tous les autres animaux. Il cherche sans cesse à s'identifier à moi ; il aime ma cuisine, mon fauteuil, mes amis, ma voiture. Il se coucherait dans mon lit, si je le lui permettais ; il entend ma voix, il la connaît, il comprend ma parole. En ce moment, il sait parfaitement que je parle de lui. Vous pouvez observer le mouvement de ses oreilles.

— Il ne comprend que deux ou trois mots, lui dis-je ; quand vous prononcez le mot chien, il tressaille, c'est vrai, mais le développement de votre idée reste pour lui un mystère impénétrable.

— Pas tant que vous croyez! Il sait qu'il en est cause, il se souvient d'avoir commis une faute, et à chaque instant il me demande du regard si je compte le punir ou l'absoudre. Il a l'intelligence d'un enfant qui ne parle pas encore.

— Il vous plaît de supposer tout cela, parce que vous avez de l'imagination.

— Ce n'est pas de l'imagination que j'ai, c'est de la mémoire.

— Ah! voilà! s'écria-t-on autour de nous. Il prétend se souvenir! Alors qu'il raconte ses existences antérieures, vite! nous écoutons.

— Ce serait, répondit M. Lechien, une interminable histoire, et des plus confuses, car je n'ai pas la prétention de me souvenir de tout, du commencement du monde jusqu'à aujourd'hui. La mort a cela d'excellent qu'elle brise le lien entre l'existence qui finit et celle qui lui succède. Elle étend un nuage épais où le *moi* s'évanouit pour se transformer sans que nous ayons conscience de l'opération. Moi qui, par exception, à ce qu'il paraît, ai conservé un peu la mémoire du passé, je n'ai pas de notions assez nettes pour mettre de l'ordre dans mes souvenirs. Je ne saurais vous dire si j'ai suivi l'échelle de progression régulièrement, sans franchir quelques degrés, ni si j'ai recommencé plusieurs fois les diverses stations de ma métempsycose. Cela, vraiment, je ne le sais pas; mais j'ai dans l'esprit des images vives et soudaines qui me font apparaître certains milieux traversés par moi à une époque qu'il m'est impossible de déterminer, et alors je retrouve les émotions et les sensations que j'ai éprouvées dans ce temps-là. Par exemple, je me retrace depuis peu une certaine rivière où j'ai été poisson. Quel poisson? Je ne sais pas! Une truite peut-être, car je me rappelle mon horreur pour les eaux troubles et mon ardeur incessante à remonter les courants. Je ressens encore l'impression délicieuse du soleil traçant des filets déliés ou des arabesques de diamants mobiles sur les flots brisés. Il y avait... je ne sais où! — les choses alors n'avaient pas de nom pour moi, — une cascade charmante où la lune se jouait en fusées d'argent. Je passais là des heures entières à lutter contre le flot qui me repoussait. Le jour, il y avait sur le rivage des mouches d'or et d'émeraude qui voltigeaient sur les herbes et que je saisissais avec une merveilleuse adresse, me faisant de cette chasse un jeu folâtre plutôt qu'une satisfaction de voracité. Quelquefois les demoiselles aux ailes bleues m'effleuraient de leur vol. Des plantes admirables semblaient vouloir m'enlacer dans leurs vertes chevelures ; mais la passion du mouvement et de la liberté me reportait toujours vers les eaux libres et rapides. Agir, nager, vite, toujours plus vite, et sans jamais me reposer, ah ! c'était une ivresse ! Je me suis rappelé ce bon temps l'autre jour en me baignant dans votre rivière, et à présent je ne l'oublierai plus !

— Encore, encore ! s'écrièrent les enfants, qui écoutaient de toutes leurs oreilles. Avez-vous été grenouille, lézard, papillon ?

— Lézard, je ne sais pas, grenouille probablement ; mais papillon, je m'en souviens à merveille. J'étais fleur, une jolie fleur blanche délicatement découpée, probablement une sorte de saxifrage sarmenteuse pendant sur le bord d'une source, et j'avais toujours soif, toujours soif. Je me penchais sur l'eau sans pouvoir l'atteindre, un vent frais me secouait sans cesse. Le désir est une puissance dont on ne connaît pas la limite. Un matin, je me détachai de ma tige, je flottai soutenue par la brise. J'avais des ailes, j'étais libre et vivant. Les papillons ne sont que des fleurs envolées un jour de fête où la nature était en veine d'invention et de fécondité.

— Très-joli, lui dis-je, mais c'est de la poésie !

— Ne l'empêchez pas d'en faire, s'écrièrent les jeunes gens ; il nous amuse !

Et, s'adressant à lui :

— Pouvez-vous nous dire à quoi vous songiez quand vous étiez une pierre ?

— Une pierre est une chose et ne pense pas, répondit-il ; je ne me rappelle pas mon existence minérale ; pourtant, je l'ai subie comme vous tous et il ne faudrait pas croire que la vie inorganique soit tout à fait inerte. Je ne m'étends jamais sur une roche sans ressentir à son contact quelque chose de particulier qui m'affirme les antiques rapports que j'ai dû avoir avec elle. Toute chose est un élément de transformation. La plus grossière a encore sa vitalité latente dont les sourdes pulsations appellent la lumière et le mouvement : l'homme désire, l'animal et la plante aspirent, le minéral attend. Mais, pour me soustraire aux questions embarrassantes que vous m'adressez, je vais choisir une de mes existences que je me retrace le mieux, et vous dire comment j'ai vécu, c'est-à-dire agi et pensé la dernière fois que j'ai été chien. Ne vous attendez pas à des aventures dramatiques, à des sauvetages miraculeux; chaque animal a son caractère personnel. C'est une étude de caractère que je vais vous communiquer.

On apporta les flambeaux, on renvoya les domestiques, on fit silence, et l'étrange narrateur parla ainsi :

— J'étais un joli petit bouledogue, un ratier de pure race. Je ne me rappelle ni ma mère, dont je fus séparé très-jeune, ni la cruelle opération qui trancha ma queue et effila mes oreilles. On me trouva beau ainsi mutilé, et de bonne heure j'aimai les compliments. Du plus loin que je me souvienne, j'ai compris le sens des mots *beau chien, joli chien*; j'aimais aussi le mot *blanc*. Quand les enfants, pour me faire fête, m'appelaient *lapin blanc*, j'étais enchanté. J'aimais à prendre des bains; mais, comme je rencontrais souvent des eaux bourbeuses où la chaleur me portait à me plonger, j'en sortais tout terreux, et on m'appelait *lapin jaune* ou *lapin noir*, ce qui m'humiliait beaucoup. Le déplaisir que j'en éprouvai mainte fois m'amena à faire une distinction assez juste des couleurs.

» La première personne qui s'occupa de mon éducation morale fut une vieille dame qui avait ses idées. Elle ne tenait pas à ce que je fusse ce qu'on appelle dressé. Elle n'exigea pas que j'eusse le talent de rapporter et de donner la patte. Elle disait qu'un chien n'apprenait pas ces choses sans être battu. Je comprenais très-bien ce mot-là, car le domestique me battait quelquefois à l'insu de sa maîtresse. J'appris donc de bonne heure que j'étais protégé, et qu'en me réfugiant auprès d'elle, je n'aurais jamais que des caresses et des encouragements. J'étais jeune et j'étais fou. J'aimais à tirer à moi et à ronger les bâtons. C'est une rage que j'ai conservée pendant toute ma vie de chien et qui tenait à ma race, à la force de ma mâchoire et à l'ouverture énorme de ma gueule. Évidemment la nature avait fait de moi un dévorant. Instruit à respecter les poules et les canards, j'avais besoin de me battre avec quelque chose et de dépenser la force de mon organisme. Enfant comme je l'étais, je faisais grand mal dans le petit jardin de la vieille dame ; j'arrachais les tuteurs des plantes et souvent la plante avec. Le jardinier voulait me corriger, ma maîtresse l'en empêchait, et, me prenant à part, elle me parlait très-sérieusement. Elle me répétait à plusieurs reprises, en me tenant la tête et en me regardant bien dans les yeux :

» — Ce que vous avez fait est mal, très-mal, on ne peut plus mal !

» Alors, elle plaçait un bâton devant moi et me défendait d'y toucher. Quand j'avais obéi, elle disait :

» — C'est bien, très-bien, vous êtes un bon chien.

» Il n'en fallut pas davantage pour faire éclore en moi ce trésor inappréciable de la conscience que l'éducation communique au chien quand il est bien doué et qu'on ne l'a pas dégradé par les coups et les injures.

» J'acquis donc ainsi très-jeune le sentiment de la dignité, sans lequel la véritable intelligence ne se révèle ni à l'animal, ni à l'homme. Celui qui n'obéit qu'à la crainte ne saura jamais se commander à lui-même.

» J'avais dix-huit mois, et j'étais dans toute la fleur de la jeunesse et de ma beauté, quand ma maîtresse changea de résidence et m'amena à la campagne qu'elle devait désormais habiter avec sa famille. Il y avait un grand parc, et je connus les ivresses de la liberté. Dès que je vis le fils de la vieille dame, je compris, à la manière dont ils s'embrassèrent et à l'accueil qu'il me fit, que c'était là le maître de la maison, et que je devais me mettre à ses ordres. Dès le premier jour, j'emboîtai le pas derrière lui d'un air si raisonnable et si convaincu, qu'il me prit en amitié, me caressa et me fit coucher dans son cabinet. Sa jeune femme n'aimait pas beaucoup les chiens et se fût volontiers passée de moi ; mais j'obtins grâce devant elle par ma sobriété, ma discrétion et ma propreté. On pouvait me laisser seul en compagnie des plats les plus alléchants ; il m'arriva bien rarement d'y goûter du bout de la langue. Outre que je n'étais pas gourmand et n'aimais pas les friandises, j'avais un grand respect de la propriété. On m'avait dit, car on me parlait comme à une personne :

» — Voici ton assiette, ton écuelle à eau, ton coussin et ton tapis.

» Je savais que ces choses étaient à moi, et il n'eût pas fait bon me les disputer ; mais jamais je ne songeai à empiéter sur le bien des autres.

» J'avais aussi une qualité qu'on appréciait beaucoup. Jamais je ne mangeai de ces immondices dont presque tous les chiens sont friands, et je ne me roulais jamais dessus. Si, pour avoir couché sur le charbon ou m'être roulé sur la terre, j'avais noirci ou jauni ma robe blanche, on pouvait être sûr que je ne m'étais souillé à aucune chose malpropre.

» Je montrai aussi une qualité dont on me tint compte. Je n'aboyai jamais et ne mordis jamais personne. L'aboiement est une menace et une injure. J'étais trop intelligent pour ne pas comprendre que les personnes saluées et accueillies par mes maîtres devaient être reçues poliment par moi, et, quant aux démonstrations de tendresse et de joie qui signalaient le retour d'un ancien ami, j'y étais fort attentif. Dès lors, je lui témoignais ma sympathie par des caresses. Je faisais mieux encore, je guettais le réveil de ces hôtes aimés, pour leur faire les honneurs de la maison et du jardin. Je les promenais ainsi avec courtoisie jusqu'à ce que mes maîtres vinssent me remplacer. On me sut toujours gré de cette notion d'hospitalité que personne n'eût songé à m'enseigner et que je trouvai tout seul.

» Quand il y eut des enfants dans la maison, je fus véritablement heureux. A la première naissance, on fut un peu inquiet de la curiosité avec laquelle je flairais le bébé. J'étais encore impétueux et brusque, on craignait que je ne fusse brutal ou jaloux. Alors, ma vieille maîtresse prit l'enfant sur ses genoux en disant :

» — Il faut faire la morale à Fadet; ne craignez rien, il comprend ce qu'on lui dit. — Voyez, me dit-elle, voyez ce cher poupon, c'est ce qu'il y a de plus précieux dans la maison. Aimez-le bien, touchez-y doucement, ayez-en le plus grand soin. Vous m'entendez bien, Fadet, n'est-ce pas? Vous aimerez ce cher enfant.

» Et, devant moi, elle le baisa et le serra doucement contre son cœur.

» J'avais parfaitement compris. Je demandai par mes regards et mes manières à baiser aussi cette chère créature. La grand'mère approcha de moi sa petite main en me disant encore :

» — Bien doucement, Fadet, bien doucement!

» Je léchai la petite main et trouvai l'enfant si joli, que je ne pus me défendre d'effleurer sa joue rose avec ma langue, mais ce fut si délicatement qu'il n'eut pas peur de moi, et c'est moi qui, un peu plus tard, obtins son premier sourire.

» Un autre enfant vint deux ans après, c'étaient alors deux petites filles. L'aînée me chérissait déjà.

La seconde fit de même, et on me permettait de me rouler avec elle sur les tapis. Les parents craignaient un peu ma pétulance, mais la grand'mère m'honorait d'une confiance que j'avais à cœur de mériter. Elle me répétait de temps en temps :

» — Bien doucement, Fadet, bien doucement!

» Aussi n'eut-on jamais le moindre reproche à m'adresser. Jamais, dans mes plus grandes gaietés, je ne mordillai leurs mains jusqu'à les rougir, jamais je ne déchirai leurs robes, jamais je ne leur mis mes pattes dans la figure. Et pourtant Dieu sait que, dans leur jeune âge, elles abusèrent souvent de ma bonté, jusqu'à me faire souffrir. Je compris qu'elles ne savaient ce qu'elles faisaient, et ne me fâchai jamais. Elles imaginèrent un jour de m'atteler à leur petite voiture de jardinage et d'y mettre leurs poupées! Je me laissai harnacher et atteler, Dieu sait comme, et je traînai raisonnablement la voiture et les poupées aussi longtemps qu'on voulut. J'avoue qu'il y avait un peu de vanité dans mon fait parce que les domestiques étaient émerveillés de ma docilité.

» — Ce n'est pas un chien, disaient-ils, c'est un cheval!

» Et toute la journée les petites filles m'appelèrent cheval blanc, ce qui, je dois le confesser, me flatta infiniment.

» On me sut d'autant plus de gré de ma raison et de ma douceur avec les enfants que je ne supportais ni injures ni menaces de la part des autres. Quelque amitié que j'eusse pour mon maître, je lui prouvai une fois combien j'avais à cœur de conserver ma dignité. J'avais commis une faute contre la propreté par paresse de sortir, et il me menaça de son fouet. Je me révoltai et m'élançai au-devant des coups en montrant les dents. Il était philosophe, il n'insista pas pour me punir, et, comme quelqu'un lui disait qu'il n'eût pas dû me pardonner cette révolte, qu'un chien rebelle doit être roué de coups, il répondit :

» — Non! Je le connais, il est intrépide et entêté au combat, il ne céderait pas; je serais forcé de le tuer, et le plus puni serait moi.

» Il me pardonna donc, et je l'en aimai d'autant plus.

» J'ai passé une vie bien douce et bien heureuse dans cette maison bénie. Tous m'aimaient, les serviteurs étaient doux et pleins d'égards pour moi ; les enfants, devenus grands, m'adoraient et me disaient les choses les plus tendres et les plus flatteuses ; mes maîtres avaient réellement de l'estime pour mon caractère et déclaraient que mon affection n'avait jamais eu pour mobile la gourmandise ni aucune passion basse. J'aimais leur société, et, devenu vieux, moins démonstratif par conséquent, je leur témoignais mon amitié en dormant à leurs pieds ou à leur porte quand ils avaient oublié de me l'ouvrir. J'étais d'une discrétion et d'un savoir-vivre irréprochables, bien que très-indépendant et nullement surveillé. Jamais je ne grattai à une porte, jamais je ne fis entendre de gémissements importuns. Quand je sentis les premiers rhumatismes, on me traita comme une personne. Chaque soir, mon maître m'enveloppait dans mon tapis ; s'il tardait un peu à y songer, je me plantais près de lui en le regardant, mais sans le tirailler ni l'ennuyer de mes obsessions.

» La seule chose que j'aie à me reprocher dans mon existence canine, c'est mon peu de bienveillance pour les autres chiens. Était-ce pressentiment de ma prochaine séparation d'espèce, était-ce crainte de retarder ma promotion à un grade plus élevé, qui me faisait haïr leurs grossièretés et leurs vices? Redoutais-je de redevenir trop chien dans leur société, avais-je l'orgueil du mépris pour leur infériorité intellectuelle et morale? Je les ai réellement houspillés toute ma vie, et on déclara souvent que j'étais terriblement méchant avec mes semblables. Pourtant je dois dire à ma décharge que je ne fis jamais de mal aux faibles et aux petits. Je m'attaquais aux plus gros et aux plus forts avec une audace héroïque. Je revenais harassé, couvert de blessures, et, à peine guéri, je recommençais.

» J'étais ainsi avec ceux qui ne m'étaient pas présentés.

» Quand un ami de la maison amenait son chien, on me faisait un discours sérieux en m'engageant à la politesse et en me rappelant les devoirs de l'hospitalité. On me disait son nom, on approchait sa figure de la mienne. On apaisait mes premiers grognements avec de bonnes paroles qui me rappelaient au respect de moi-même. Alors, c'était fini pour toujours, il n'y avait plus de querelles, ni même de provocations ; mais je dois dire que, sauf *Moutonne,* la chienne du berger, pour laquelle j'eus toujours une grande amitié et qui me défendait contre les chiens ameutés contre moi, je ne me liai jamais avec aucun animal de mon espèce. Je les trouvais tous trop inférieurs à moi, même les beaux chiens de chasse et les petits chiens savants qui avaient été forcés par les châtiments à maîtriser leurs instincts. Moi qu'on avait toujours raisonné avec douceur, si j'étais, comme eux, esclave de mes passions à certains égards où je n'avais à risquer que moi-même, j'étais obéissant et sociable avec l'homme, parce qu'il me plaisait d'être ainsi et que j'eusse rougi d'être autrement.

» Une seule fois je parus ingrat, et j'éprouvai un grand chagrin. Une maladie épidémique ravageait le pays, toute la famille partit emmenant les enfants, et, comme on craignait mes larmes, on ne m'avertit de rien. Un matin, je me trouvai seul avec le domestique, qui prit grand soin de moi, mais qui, préoccupé pour lui-même, ne s'efforça pas de me consoler, ou ne sut pas s'y prendre. Je tombai dans le désespoir; cette maison déserte par un froid rigoureux était pour moi comme un tombeau. Je n'ai jamais été gros mangeur, mais je perdis complétement l'appétit et je devins si maigre, que l'on eût pu voir à travers mes côtes. Enfin, après un temps qui me parut bien long, ma vieille maîtresse revint pour préparer le retour de la famille, et je ne compris pas pourquoi elle revenait seule; je crus que son fils et les enfants ne reviendraient jamais, et je n'eus pas le courage de lui faire la moindre caresse. Elle fit allumer du feu dans sa chambre et m'appela en m'invitant à me chauffer; puis elle se mit à écrire pour donner des ordres et j'entendis qu'elle disait en parlant de moi :

» — Vous ne l'avez donc pas nourri? Il est d'une maigreur effrayante; allez me chercher du pain et de la soupe.

» Mais je refusai de manger. Le domestique parla de mon chagrin. Elle me caressa beaucoup et ne put me consoler, elle eût dû me dire que les enfants se portaient bien et allaient revenir avec leur père. Elle n'y songea pas, et s'éloigna en se plaignant de ma froideur, qu'elle n'avait pas comprise. Elle me rendit pourtant son estime quelque jours après, lorsqu'elle revint avec la famille. Les tendresses que je fis aux enfants surtout lui prouvèrent bien que j'avais le cœur fidèle et sensible.

» Sur mes vieux jours, un rayon de soleil embellit ma 'vie. On amena dans la maison la petite chienne Lisette, que les enfants se disputèrent d'abord, mais que l'aînée céda à sa sœur en disant qu'elle préférait un vieux ami comme moi à toutes les nouvelles connaissances. Lisette fut aimable avec moi, et sa folâtre enfance égaya mon hiver. Elle était nerveuse et tyrannique, elle me mordait cruellement les oreilles. Je criais et ne me fâchais pas, elle était si gracieuse dans ses impétueux ébats ! Elle me forçait à courir et à bondir avec elle. Mais ma grande affection était, en somme, pour la petite fille qui me préférait à Lisette et qui me parlait raison, sentiment et moralité, comme avait fait sa grand'mère.

» Je n'ai pas souvenir de mes dernières années et de ma mort. Je crois que je m'éteignis doucement au milieu des soins et des encouragements. On avait certainement compris que je méritais d'être homme, puisqu'on avait toujours dit qu'il ne me manquait que la parole. J'ignore pourtant si mon esprit franchit d'emblée cet abîme. J'ignore la forme et l'époque de ma renaissance; je crois pourtant que je n'ai pas recommencé l'existence canine, car celle que je viens de vous raconter me paraît dater d'hier. Les costumes, les habitudes, les idées que je vois aujourd'hui ne diffèrent pas essentiellement de ce que j'ai vu et observé étant chien... »

Le sérieux avec lequel notre voisin avait parlé nous avait forcés de l'écouter avec attention et déférence. Il nous avait étonnés et intéressés. Nous le priâmes de nous raconter quelque autre de ses existences.

— C'est assez pour aujourd'hui, nous dit-il ; je tâcherai de rassembler mes souvenirs, et peut-être plus tard vous ferai-je le récit d'une autre phase de ma vie antérieure.

DEUXIÈME PARTIE

LA FLEUR SACRÉE

A AURORE SAND

Quelques jours après que M. Lechien nous eut raconté son histoire, nous nous retrouvions avec lui chez un Anglais riche qui avait beaucoup voyagé en Asie, et qui parlait volontiers des choses intéressantes et curieuses qu'il avait vues.

Comme il nous disait la manière dont on chasse les éléphants dans le Laos, M. Lechien lui demanda s'il n'avait jamais tué lui-même un de ces animaux.

— Jamais! répondit sir William. Je ne me le serais point pardonné. L'éléphant m'a toujours paru si près de l'homme par l'intelligence et le raisonnement que j'aurais craint d'interrompre la carrière d'une âme en voie de transformation.

— Au fait, lui dit quelqu'un, vous avez longtemps vécu dans l'Inde, vous devez partager les idées de migration des âmes que monsieur nous exposait l'autre jour d'une manière plus ingénieuse que scientifique.

— La science est la science, répondit l'Anglais. Je la respecte infiniment, mais je crois que, quand elle veut trancher affirmativement ou négativement la question des âmes, elle sort de son domaine et ne peut rien prouver. Ce domaine est l'examen des faits palpables, d'où elle conclut à des lois existantes. Au delà, elle n'a plus de certitude. Le foyer d'émission de ces lois échappe à ses investigations, et je trouve qu'il est également contraire à la vraie doctrine scientifique de vouloir prouver l'*existence* ou la *non-existence* d'un principe quelconque. En dehors de sa démonstration spéciale, le savant est libre de croire ou de ne pas croire ; mais la recherche de ce principe appartient mieux aux hommes de logique, de sentiment et d'imagination. Les raisonnements et les hypothèses de ceux-ci n'ont, il est vrai, de valeur qu'autant qu'ils respectent ce que la science a vérifié dans l'ordre des faits; mais là où la science est impuissante à nous éclairer, nous sommes tous libres de donner aux faits ce que vous appelez une interprétation ingénieuse, ce qui, selon moi, signifie une explication idéaliste fondée sur la déduction, la logique et le sentiment du juste dans l'équilibre et l'ordonnance de l'univers.

— Ainsi, reprit celui qui avait interpellé sir William, vous êtes bouddhiste?

— D'une certaine façon, répondit l'Anglais; mais nous pourrions trouver un sujet de conversation plus récréatif pour les enfants qui nous écoutent.

— Moi, dit une des petites filles, cela m'intéresse et me plaît. Pourriez-vous me dire ce que j'ai été avant d'être une petite fille?

— Vous avez été un petit ange, répondit sir William.

— Pas de compliments! reprit l'enfant. Je crois que j'ai été tout bonnement un oiseau, car il me semble que je regrette toujours le temps où je volais sur les arbres et ne faisais que ce que je voulais.

— Eh bien, reprit sir William, ce regret serait une preuve de souvenir. Chacun de nous a une préférence pour un animal quelconque et se sent porté à s'identifier à ses impressions comme s'il les avait déjà ressenties pour son propre compte.

— Quel est votre animal de prédilection? lui demandai-je.

— Tant que j'ai été Anglais, répondit-il, j'ai mis le cheval au premier rang. Quand je suis devenu Indien, j'ai mis l'éléphant au-dessus de tout.

— Mais, dit un jeune garçon, est-ce que l'éléphant n'est pas très-laid?

— Oui, selon nos idées sur l'esthétique. Nous prenons pour type du quadrupède le cheval ou le cerf; nous aimons l'harmonie dans la proportion, parce qu'au fond nous avons toujours dans l'esprit le type humain comme type suprême de cette harmonie; mais, quand on quitte les régions tempérées et qu'on se trouve en face d'une nature exubérante, le goût change, les yeux s'attachent à d'autres lignes, l'esprit se reporte à un ordre de création antérieure plus grandiose, et le côté fruste de cette création ne choque plus nos regards et nos pensées. L'Indien, noir, petit, grêle, ne donne pas l'idée d'un roi de la création. L'Anglais, rouge et massif, paraît là plus imposant que chez lui; mais l'un et l'autre, qu'ils aient pour cadre une cabane de roseaux ou un palais de marbre, sont encore effacés comme de vulgaires détails dans l'ensemble du tableau que présente la nature environnante. Le sens artiste éprouve le besoin de formes supérieures à celles de l'homme, et il se sent pris de respect pour les êtres capables de se développer fièrement sous cet ardent soleil qui étiole la race humaine. Là où les roches sont formidables, les végétaux effrayants d'aspect, les déserts inaccessibles, le pouvoir humain perd son prestige, et le monstre surgit à nos yeux comme la suprême combinaison harmonique d'un monde prodigieux. Les anciens habitants de cette terre redoutable l'avaient bien compris. Leur art consistait dans la reproduction idéalisée des formes monstrueuses. Le buste de l'éléphant était le couronnement principal de leurs parthénons. Leurs dieux étaient des monstres et des colosses. Leur architecture pesante, surmontée de tours d'une hauteur démesurée, semblait chercher le beau dans l'absence de ces proportions harmoniques qui ont été l'idéal des peuples de l'Occident. Ne vous étonnez donc pas de m'entendre dire qu'après avoir trouvé cet art barbare et ces types effrayants, je m'y suis habitué au point de les admirer et de trouver plus tard nos arts froids et nos types mesquins. Et puis tout, dans l'Inde, concourt à idéaliser l'éléphant. Son culte est partout dans le passé, sous une forme ou sous une autre. Les reproductions de son type ont une variété d'intentions surprenante, car, selon la pensée de l'artiste, il représente la force menaçante ou la bénigne douceur de la divinité qu'il encadre. Je ne crois pas qu'il ait été jamais, quoi qu'en aient dit les anciens voyageurs, adoré personnellement comme un dieu; mais il a été, il est encore regardé comme un symbole et un palladium. L'éléphant blanc des temples de Siam est toujours considéré comme un animal sacré.

— Parlez-nous de cet éléphant blanc, s'écrièrent tous les enfants. Est-il vraiment blanc? l'avez-vous vu?

— Je l'ai vu, et, en le contemplant au milieu des fêtes triomphales qu'il semblait présider, il m'est arrivé une chose singulière.

— Quoi? reprirent les enfants.

— Une chose que j'hésite à vous dire, — non pas que je craigne la raillerie en un sujet si grave, mais en vérité je crains de ne pas vous convaincre de ma sincérité et d'être accusé d'improviser un roman pour rivaliser avec l'édifiante et sérieuse histoire de M. Lechien.

— Dites toujours, dites toujours! Nous ne critiquerons pas, nous écouterons bien sagement.

— Eh bien, mes enfants, reprit l'Anglais, voici ce qui est arrivé. En contemplant la majesté de l'éléphant sacré marchant d'un pas mesuré au son des instruments et marquant le rhythme avec sa trompe, tandis que les Indiens, qui semblaient être bien réellement les esclaves de ce monarque, balançaient au-dessus de sa tête des parasols rouge et or, j'ai fait un effort d'esprit pour saisir sa pensée dans son œil tranquille, et tout à coup il m'a semblé qu'une série d'existences passées, insaisissables à la mémoire de l'homme, venait de rentrer dans la mienne.

— Comment! vous croyez...?

— Je crois que certains animaux nous semblent pensifs et absorbés parce qu'ils se souviennent. Où serait l'erreur de la Providence? L'homme oublie, parce qu'il a trop à faire pour que le souvenir lui soit bon. Il termine la série des animaux contemplatifs, il pense réellement et cesse de rêver. A peine né, il devient la proie de la loi du progrès, l'esclave de la loi du travail. Il faut qu'il rompe avec les images du passé pour se porter tout entier vers la conception de l'avenir. La loi qui lui a fait cette destinée ne serait pas juste, si elle ne lui retirait pas la faculté de regarder en arrière et de perdre son énergie dans de vains regrets et de stériles comparaisons.

— Quoi qu'il en soit, dit vivement M. Lechien, racontez vos souvenirs; il m'importe beaucoup de savoir qu'une fois en votre vie vous avez éprouvé le phénomène que j'ai subi plusieurs fois.

— J'y consens, répondit sir William, car j'avoue que votre exemple et vos affirmations m'ébranlent et m'impressionnent beaucoup. Si c'est un simple rêve qui s'est emparé de moi pendant la cérémonie que présidait l'éléphant sacré, il a été si précis et si frappant, que je n'en ai pas oublié la moindre circonstance. Et moi aussi, j'avais été éléphant, éléphant blanc, qui plus est, éléphant sacré par conséquent, et je revoyais mon existence entière à partir de ma première enfance dans les jungles et les forêts de la presqu'île de Malacca.

« C'est dans ce pays, alors si peu connu des Européens, que se reportent mes premiers souvenirs, à une époque qui doit remonter aux temps les plus florissants de l'établissement du bouddhisme, longtemps avant la domination européenne. Je vivais dans ce désert étrange, dans cette *Chersonèse d'or* des anciens, une presqu'île de trois cent soixante lieues de longueur, large en moyenne de trente lieues. Ce n'est, à vrai dire, qu'une chaîne de montagnes projetée sur la mer et couronnée de forêts. Ces montagnes ne sont pas très-hautes. La principale, le mont Ophir, n'égale pas le puy de Dôme; mais, par leur situation isolée entre deux mers, elles sont imposantes. Les versants sont parfois inaccessibles à l'homme. Les habitants des côtes, Malais et autres, y font pourtant aujourd'hui une guerre acharnée aux animaux sauvages, et vous avez à bas prix l'ivoire et les autres produits si facilement exportés de ces régions redoutables. Pourtant, l'homme n'y est pas encore partout le maître et il ne l'était pas du tout au temps dont je vous parle. Je grandissais heureux et libre sur les hauteurs, dans le sublime rayonnement d'un ciel ardent et pur, rafraîchi par l'élévation du sol et la brise de mer. Qu'elle était belle, cette mer de la Malaisie avec ses milliers d'îles vertes comme l'émeraude et d'écueils blancs comme l'albâtre, sur le bleu sombre des flots! Quel horizon s'ouvrait à nos regards quand, du haut de nos sanctuaires de rochers, nous embrassions de tous côtés l'horizon sans limites! Dans la saison des pluies, nous savourions, à l'abri des arbres géants, la chaude humidité du feuillage. C'était la saison douce où le recueillement de la nature nous remplissait d'une sereine quiétude. Les plantes vigoureuses, à peine abattues par l'été torride, semblaient partager notre bien-être et se retremper à la source de la vie. Les belles lianes de diverses espèces poussaient leurs festons prodigieux et les enlaçaient aux branches des cinnamomes et des gardenias en fleurs. Nous dormions à l'ombre parfumée des mangliers, des bananiers, des baumiers et des cannelliers. Nous avions plus de plantes qu'il ne nous en fallait pour satisfaire notre vaste et frugal appétit. Nous méprisions les carnassiers perfides; nous ne permettions pas aux tigres d'approcher de nos pâturages. Les antilopes, les oryx, les singes recherchaient notre protection. Des oiseaux admirables venaient se poser sur nous par bandes pour nous aider à notre toilette. Le *nocariam*, l'oiseau géant, peut-être disparu aujourd'hui, s'approchait de nous sans crainte pour partager nos récoltes.

» Nous vivions seuls, ma mère et moi, ne nous mêlant pas aux troupes nombreuses des éléphants vulgaires, plus petits et d'un pelage différent du nôtre. Étions-nous d'une race différente? Je ne l'ai jamais su. L'éléphant blanc est si rare, qu'on le regarde comme une anomalie, et les Indiens le considèrent comme une incarnation divine. Quand un de ceux qui vivent dans les temples d'une nation hindoue cesse de vivre, on lui rend les mêmes honneurs funéraires qu'aux rois, et souvent de longues années s'écoulent avant qu'on lui trouve un successeur.

» Notre haute taille effrayait-elle les autres éléphants? Nous étions de ceux qu'on appelle solitaires et qui ne font partie d'aucun troupeau sous les ordres d'un guide de leur espèce. On ne nous disputait aucune place, et nous nous transportions d'une région à l'autre, changeant de climat sur cette arête de montagnes, selon notre caprice et les besoins de notre nourriture. Nous préférions la sérénité des sommets ombragés aux sombres embûches de la jungle peuplée de serpents monstrueux, hérissée de cactus et d'autres plantes épineuses où vivent des insectes irritants. En cherchant la canne à sucre sous des bambous d'une hauteur colossale, nous nous arrêtions quelquefois pour jeter un coup d'œil sur les palétuviers des rivages; mais ma mère, défiante, semblait deviner que nos robes blanches pouvaient attirer le regard des hommes, et nous retournions vite à la région des aréquiers et des cocotiers, ces grandes vigies plantées au-dessus des jungles comme pour balancer librement dans un air plus pur leurs éventails majestueux et leurs palmes de cinq mètres de longueur.

» Ma noble mère me chérissait, me menait partout avec elle et ne vivait que pour moi. Elle m'enseignait à adorer le soleil et à m'agenouiller chaque matin à son apparition glorieuse, en relevant ma trompe blanche et satinée, comme pour saluer le père et le roi de la terre; en ces moments-là, l'aube pourprée teignait de rose mon fin pelage, et ma mère me regardait avec admiration. Nous n'avions que de hautes pensées, et notre cœur se dilatait dans la tendresse et l'innocence. Jours heureux, trop tôt envolés! Un matin, la soif nous força de descendre le lit d'un des torrents qui, du haut de la montagne, vont en bonds rapides ou gracieux se déverser dans la mer; c'était vers la fin de la saison sèche. La source qui filtre du sommet de l'Ophir ne distillait plus une seule goutte dans sa coupe de mousse. Il nous fallut gagner le pied de la jungle où le torrent avait formé une suite de petits lacs, pâles diamants semés dans la verdure glauque des nopals. Tout à coup nous sommes surpris par des cris étranges, et des êtres inconnus pour moi, des hommes et des chevaux se précipitent sur nous. Ces hommes bronzés qui ressemblaient à des singes ne me firent point peur, les animaux qu'ils montaient n'approchaient de nous qu'avec effroi. D'ailleurs, nous n'étions pas en danger de mort. Nos robes blanches inspiraient le respect, même à ces Malais farouches et cruels; sans doute ils voulaient nous capturer, mais ils n'osaient se servir de leurs armes. Ma mère les repoussa d'abord fièrement et sans colère, elle savait qu'ils ne pourraient pas la prendre; alors, ils jugèrent qu'en raison de mon jeune âge, ils pourraient facilement s'emparer de moi et ils essayèrent de jeter des lassos autour de mes jambes ; ma mère se plaça entre eux et moi, et fit une défense désespérée. Les chasseurs, voyant qu'il fallait la tuer pour m'avoir, lui lancèrent une grêle de javelots qui s'enfoncèrent dans ses vastes flancs, et je vis avec horreur sa robe blanche se rayer de fleuves de sang.

» Je voulais la défendre et la venger, elle m'en empêcha, me tint de force derrière elle, et, présentant le flanc comme un rempart pour me couvrir, immobile de douleur et stoïquement muette pour faire croire que sa vie était à l'épreuve de ces flèches mortelles, elle resta là, criblée de traits, jusqu'à ce que, le cœur transpercé cessant de battre, elle s'affaissât comme une montagne. La terre résonna sous son poids. Les assassins s'élancèrent pour me garrotter, et je ne fis aucune résistance. Stupéfait devant le cadavre de ma mère, ne comprenant rien à la mort, je la caressais en gémissant, en la suppliant de se relever et de fuir avec moi. Elle ne respirait plus, mais des flots de larmes coulaient encore de ses yeux éteints. On me jeta une natte épaisse sur la tête, je ne vis plus rien, mes quatre jambes étaient prises dans quatre cordes de cuir d'élan. Je ne voulais plus rien savoir, je ne me débattais pas, je pleurais, je sentais ma mère près de moi, je ne voulais pas m'éloigner d'elle, je me couchai. On m'emmena je ne sais comment et je ne sais où. Je crois qu'on attela tous les chevaux pour me traîner sur le sable en pente du rivage jusqu'à une sorte de fosse où on me laissa seul.

» Je ne me rappelle pas combien de temps je restai là, privé de nourriture, dévoré par la soif et par les mouches avides de mon sang. J'étais déjà fort, j'aurais pu démolir cette cave avec mes pieds de devant et me frayer un sentier, comme ma mère m'avait enseigné à le faire dans les versants rapides. Je fus longtemps sans m'en aviser. Sans connaître la mort, je haïssais l'existence et ne songeais pas à la conserver. Enfin, je cédai à l'instinct et je jetai des cris farouches. On m'apporta aussitôt des cannes à sucre et de l'eau. Je vis des têtes inquiètes se pencher sur les bords du silo où j'étais enseveli. On parut se réjouir de me voir manger et boire ; mais, dès que j'eus repris des forces, j'entrai en fureur et je remplis la terre et le ciel des éclats retentissants de ma voix. Alors, on s'éloigna, me laissant démolir la berge verticale de ma prison, et je me crus en liberté ; mais j'étais dans un parc formé de tiges de bambous monstrueux, reliés les uns aux autres par des lianes si bien serrées que je ne pus en ébranler un seul. Je passai encore plusieurs jours à essayer obstinément ce vain travail, auquel résistait le perfide et savant travail de l'homme. On m'apportait mes aliments et on me parlait avec douceur. Je n'écoutais rien, je voulais fondre sur mes adversaires, je frappais de mon front avec un bruit affreux les murailles de ma prison sans pouvoir les ébranler ; mais, quand j'étais seul, je mangeais. La loi impérieuse de la vie l'emportait sur mon désespoir, et, le sommeil domptant mes forces, je dormais sur les herbes fraîches dont on avait jonché ma cage.

» Enfin, un jour, un petit homme noir, vêtu seulement d'un *sarong* ou caleçon blanc, entra seul et résolûment dans ma prison en portant une auge de farine de riz salé et mélangé à un corps huileux. Il me la présenta à genoux en me disant d'une voix douce des paroles où je distinguai je ne sais quelle intention affectueuse et caressante. Je le laissai me supplier jusqu'au moment où, vaincu par ses prières, je mangeai devant lui. Pendant que je savourais ce mets rafraîchissant, il m'éventait avec une feuille de palmier et me chantait quelque chose de triste que j'écoutais avec étonnement. Il revint un peu plus tard et me joua sur une petite flûte de roseau je ne sais quel air plaintif qui me fit comprendre la pitié que je lui inspirais. Je le laissai baiser mon front et mes oreilles. Peu à peu, je lui permis de me laver, de me débarrasser des épines qui me gênaient et de s'asseoir entre mes jambes. Enfin, au bout d'un temps que je ne puis préciser, je sentis qu'il m'aimait et que je l'aimais aussi. Dès lors, je fus dompté, le passé s'effaça de ma mémoire, et je consentis à le suivre sur le rivage sans songer à m'échapper.

» Je vécus, je crois, deux ans seul avec lui. Il avait pour moi des soins si tendres, qu'il remplaçait ma mère et que je ne pensai plus jamais à le quitter. Pourtant je ne lui appartenais pas. La tribu qui s'était emparée de moi devait se partager le prix qui serait offert par les plus riches radjahs de l'Inde dès qu'ils seraient informés de mon existence. On avait donc fait un arrangement pour tirer de moi le meilleur parti possible. La tribu avait envoyé des députés dans toutes les cours des deux péninsules pour me vendre au plus offrant, et, en attendant leur retour, j'étais confié à ce jeune homme, nommé Aor, qui était réputé le plus habile de tous dans l'art d'apprivoiser et de soigner les êtres de mon espèce. Il n'était pas chasseur, il n'avait pas aidé au meurtre de ma mère. Je pouvais l'aimer sans remords.

» Bientôt je compris la parole humaine, qu'à toute heure il me faisait entendre. Je ne me rendais pas compte des mots, mais l'inflexion de chaque syllabe me révélait sa pensée aussi clairement que si j'eusse appris sa langue. Plus tard, je compris de même cette musique de la parole humaine en quelque langue qu'elle arrivât à mon oreille. Quand c'était de la musique chantée par la voix ou les instruments, je comprenais encore mieux.

» J'arrivai donc à savoir de mon ami que je devais me dérober aux regards des hommes parce que quiconque me verrait serait tenté de m'emmener pour me vendre après l'avoir tué. Nous habitions alors la province de Tenasserim, dans la partie la plus déserte des monts Moghs, en face de l'archipel de Merghi. Nous demeurions cachés tout le jour dans les rochers, et nous ne sortions que la nuit. Aor montait sur mon cou et me conduisait au bain sans crainte des alligators et des crocodiles, dont je savais le préserver en enterrant nonchalamment dans le sable leur tête, qui se brisait sous mon pied. Après le bain, nous errions dans les hautes forêts, où je choisissais les branches dont j'étais friand et où je cueillais pour Aor des fruits que je lui passais avec ma trompe. Je faisais aussi ma provision de verdure pour la journée. J'aimais surtout les écorces fraîches et j'avais une adresse merveilleuse pour les détacher de la tige jusqu'au plus petit brin ; mais il me fallait du temps pour dépouiller ainsi le bois, et je m'approvisionnais de branches pour les loisirs de la journée, en prévision des heures où je ne dormais pas, heures assez courtes, je dois le dire ; l'éléphant livré à lui-même est noctambule de préférence.

» Mon existence était douce et tout absorbée dans le présent, je ne me représentais pas l'avenir. Je commençai à réfléchir sur moi-même un jour que les hommes de la tribu amenèrent dans mon parc de bambous une troupe d'éléphants sauvages qu'ils avaient chassés aux flambeaux avec un grand bruit de tambours et de cymbales pour les forcer à se réfugier dans ce piége. On y avait amené d'avance des éléphants apprivoisés qui devaient aider les chasseurs à dompter les captifs, et qui les aidèrent en effet avec une intelligence extraordinaire à lier les quatre jambes l'une après l'autre; mais quelques mâles sauvages, les solitaires surtout, étaient si furieux, qu'on crut devoir m'adjoindre aux chasseurs pour en venir à bout. On força mon cher Aor à me monter, et il essaya d'obéir, bien qu'avec une vive répugnance. Je sentis alors le sentiment du juste se révéler à moi, et j'eus horreur de ce que l'on prétendait me faire faire. Ces éléphants sauvages étaient sinon mes égaux, du moins mes semblables; les éléphants soumis qui aidaient à consommer l'esclavage de leurs frères me parurent tout à fait inférieurs à eux et à moi. Saisi de mépris et d'indignation, je m'attaquai à eux seuls et me portai à la défense des prisonniers si énergiquement, que l'on dut renoncer à m'avilir. On me fit sortir du parc, et mon cher Aor me combla d'éloges et de caresses.

» — Vous voyez bien, disait-il à ses compagnons, que celui-ci est un ange et un saint. amais éléphant blanc n'a été employé aux travaux grossiers ni aux actes de violence. Il n'est fait ni pour la chasse, ni pour la guerre, ni pour porter des fardeaux, ni pour servir de monture dans les voyages. Les rois eux-mêmes ne se permettent pas de s'asseoir sur lui, et vous voulez qu'il s'abaisse à vous aider au domptage? Non, vous ne comprenez pas sa grandeur et vous outragez son rang! Ce que vous avez tenté de faire attirera sur vous la puissance des mauvais esprits.

» Et, comme on remontrait à mon ami qu'il avait lui-même travaillé à me dompter :

» — Je ne l'ai dompté, répondait-il, qu'avec mes douces paroles et le son de ma flûte. S'il me permet de le monter, c'est qu'il a reconnu en moi son serviteur fidèle, son *mahout* dévoué. Sachez bien que le jour où l'on nous séparerait, l'un de nous mourrait ; et souhaitez que ce soit moi, car du salut de *la Fleur sacrée* dépendent la richesse et la gloire de votre tribu.

» *La Fleur sacrée* était le nom qu'il m'avait donné et que nul ne songeait à me contester. Les paroles de mon mahout m'avaient profondément pénétré. Je sentis que sans lui on m'eût avili, et je devins d'autant plus fier et plus indépendant. Je résolus (et je me tins parole) de ne jamais agir que par son conseil, et tous deux d'accord nous éloignâmes de nous quiconque ne nous traitait pas avec un profond respect. On lui avait offert de me donner pour société les éléphants les plus beaux et les mieux dressés. Je refusai absolument de les admettre auprès de ma personne, et, seul avec Aor, je ne m'ennuyai jamais.

» J'avais environ quinze ans, et ma taille dépassait déjà de beaucoup celle des éléphants adultes de l'Inde, lorsque nos députés revinrent annonçant que, le radjah des Birmans ayant fait les plus belles offres, le marché était conclu. On avait agi avec prudence. On ne s'était adressé à aucun des souverains du royaume de Siam, parce qu'ils eussent pu me revendiquer comme étant né sur leurs terres et ne vouloir rien payer pour m'acquérir. Je fus donc adjugé au roi de Pagham et conduit de nuit très-mystérieusement le long des côtes de Tenasserim jusqu'à Martaban, d'où, après avoir traversé les monts Karens, nous gagnâmes les rives du beau fleuve Iraouaddy.

» Il m'en avait coûté de quitter ma patrie et mes forêts; je n'y eusse jamais consenti, si Aor ne m'eût dit sur sa flûte que la gloire et le bonheur m'attendaient sur d'autres rivages. Durant la route, je ne voulus pas le quitter un seul instant.

Je lui permettais à peine de descendre de mon cou, et aux heures du sommeil, pour me préserver d'une poignante inquiétude, il dormait entre mes jambes. J'étais jaloux, et ne voulais pas qu'il reçût d'autre nourriture que celle que je lui présentais ; je choisissais pour lui les meilleurs fruits, et je lui tendais avec ma trompe le vase que je remplissais moi-même de l'eau la plus pure. Je l'éventais avec de larges feuilles ; en traversant les bois et les jungles, j'abattais sans m'arrêter les arbustes épineux qui eussent pu l'atteindre et le déchirer. Je faisais enfin, mais mieux que tous les autres, tout ce que font les éléphants bien dressés, et je le faisais de ma propre volonté, non d'une manière banale, mais pour mon seul ami.

» Dès que nous eûmes atteint la frontière birmane, une députation du souverain vint au-devant de moi. Je fus inquiet du cérémonial qui m'entourait. Je vis que l'on donnait de l'or et des présents aux chasseurs malais qui m'avaient accompagné et qu'on les congédiait. Allait-on me séparer d'Aor ? Je montrai une agitation effrayante, et je menaçai les hauts personnages

LE CHIEN ET LA FLEUR SACRÉE

qui approchaient de moi avec respect. Aor, qui me comprenait, leur expliqua mes craintes, et leur dit que, séparé de lui, je ne consentirais jamais à les suivre. Alors, un des ministres chargés de ma réception, et qui était resté sous une tente, ôta ses sandales, et vint à moi pour me présenter à genoux une lettre du roi des Birmans, écrite en bleu sur une longue feuille de palmier dorée. Il s'apprêtait à m'en donner lecture lorsque je la pris de ses mains et la passai à mon mahout pour qu'il me la traduisît. Il n'avait pas le droit, lui qui appartenait à une caste inférieure, de toucher à cette feuille sacrée. Il me pria de la rendre au seigneur ministre de Sa Majesté, ce que je fis aussitôt pour marquer ma déférence et mon amitié pour Aor. Le ministre reprit la lettre, sur laquelle on déplia une ombrelle d'or, et il lut :

« Très-puissant, très-aimé et très-vénéré élé-
» phant, du nom de *Fleur sacrée*, daignez venir
» résider dans la capitale de mon empire, où un
» palais digne de vous est déjà préparé. Par la pré-
» sente lettre royale, moi, le roi des Birmans, je
» vous alloue un fief qui vous appartiendra en

» propre, un ministre pour vous obéir, une maison
» de deux cents personnes, une suite de cinquante
» éléphants, autant de chevaux et de bœufs que
» nécessitera votre service, six ombrelles d'or, un
» corps de musique, et tous les honneurs qui sont
» dus à l'éléphant sacré, joie et gloire des peuples. »

» On me montra le sceau royal, et, comme je restais impassible et indifférent, on dut demander à mon mahout si j'acceptais les offres du souverain. Aor répondit qu'il fallait me promettre de ne jamais me séparer de lui, et le ministre, après avoir consulté ses collègues, jura ce que j'exigeais. Alors, je montrai une grande joie en caressant la lettre royale, l'ombrelle d'or et un peu le visage du ministre, qui se déclara très-heureux de m'avoir satisfait.

» Quoique très-fatigué d'un long voyage, je témoignai que je voulais me mettre en marche pour voir ma nouvelle résidence et faire connaissance avec mon collègue et mon égal, le roi de Birmanie. Ce fut une marche triomphale tout le long du fleuve que nous remontions. Ce fleuve Iraouaddy était d'une beauté sans égale. Il coulait, tantôt nonchalant, tantôt rapide, entre des rochers couverts d'une végétation toute nouvelle pour moi, car nous nous avancions vers le nord, et l'air était plus frais, sinon plus pur que celui de mon pays. Tout était différent. Ce n'était plus le silence et la majesté du désert. C'était un monde de luxe et de fêtes; partout sur le fleuve des barques à la poupe élevée en forme de croissant, garnies de banderoles de soie lamée d'or, suivies de barques de pêcheurs ornées de feuillage et de fleurs. Sur le rivage, des populations riches sortaient de leurs habitations élégantes pour venir s'agenouiller sur mon passage et m'offrir des parfums. Des bandes de musiciens et de prêtres accourus de toutes les pagodes mêlaient leurs chants aux sons de l'orchestre qui me précédait.

» Nous avancions à très-petites journées dans la crainte de me fatiguer, et deux ou trois fois par jour on s'arrêtait pour mon bain. Le fleuve n'était pas toujours guéable sur les rives. Aor me laissait sonder avec ma trompe. Je ne voulais me risquer que sur le sable le plus fin et dans l'eau la plus pure. Une fois sûr de mon point de départ, je m'élançais dans le courant, si rapide et si profond qu'il pût être, portant toujours sur mon cou le confiant Aor, qui prenait autant de plaisir que moi à cet exercice et qui, aux endroits difficiles et dangereux, ranimait mon ardeur et ma force en jouant sur sa flûte un chant de notre pays, tandis que mon cortége et la foule pressée sur les deux rives exprimaient leur anxiété ou leur admiration par des cris, des prosternations et des invocations de bras tendus vers moi. Les ministres, inquiets de l'audace d'Aor, délibéraient entre eux s'ils ne devaient pas m'interdire d'exposer ainsi ma vie précieuse au salut de l'empire; mais Aor jouant toujours de la flûte sur ma tête au ras du flot et ma trompe relevée comme le cou d'un paon gigantesque témoignaient de notre sécurité. Quand nous revenions lentement et paisiblement au rivage, tous accouraient vers moi avec des génuflexions ou des cris de triomphe, et mon orchestre déchirait les airs de ses fanfares éclatantes. Cet orchestre ne me plut pas le premier jour. Il se composait de trompettes au son aigu, de trompes énormes, de gongs effroyables, de castagnettes de bambou et de tambours portés par des éléphants de service. Ces tambours étaient formés d'une cage ronde richement travaillée au centre de laquelle un homme accroupi sur ses jambes croisées frappait tour à tour avec deux baguettes sur une gamme de cymbales sonores. Une autre cage, semblable extérieurement, était munie de timbales de divers métaux, et le musicien, également assis au centre et porté par un éléphant, en tirait de puissants accords. Ce grand bruit d'instruments terribles choqua d'abord mon oreille délicate. Je m'y habituai pourtant, et je pris plaisir aux étranges harmonies qui proclamaient ma gloire aux quatre vents du ciel. Mais je préférai toujours la musique de salon, la douce harpe birmane, gracieuse imitation des jonques de l'Iraouaddy, le *caïman*, harmonica aux touches d'acier, dont les sons ont une pureté angélique, et par-dessus tout la suave mélodie que me faisait entendre Aor sur sa flûte de roseau.

» Un jour qu'il jouait sur un certain rhythme saccadé, au milieu du fleuve, nous fûmes entourés d'une foule innombrable de gros poissons dorés à la manière des pagodes qui dressaient leur tête hors de l'eau comme pour nous implorer. Aor leur jeta un peu de riz dont il avait toujours un petit sac dans sa ceinture. Ils manifestèrent une grand joie et nous accompagnèrent jusqu'au rivage, et, comme la foule se récriait, je pris délicatement un de ces poissons et le présentai au premier ministre, qui le baisa et ordonna que sa dorure fût vite rehaussée d'une nouvelle couche; après quoi, on le remit dans l'eau avec respect. J'appris ainsi que c'étaient les poissons sacrés de l'Iraouaddy, qui résident en un seul point du fleuve et qui viennent à l'appel de la voix humaine, n'ayant jamais eu rien à redouter de l'homme.

» Nous arrivâmes enfin à Pagham, une ville de quatre à cinq lieues d'étendue le long du fleuve. Le spectacle que présentait cette vallée de palais, de temples, de pagodes, de villas et de jardins me causa un tel étonnement, que je m'arrêtai comme pour demander à mon mahout si ce n'était pas un rêve. Il n'était pas moins ébloui que moi, et, posant ses mains sur mon front que ses caresses pétrissaient sans cesse :

» — Voilà ton empire, me dit-il. Oublie les forêts et les jungles, te voici dans un monde d'or et de pierreries !

» C'était alors un monde enchanté en effet. Tout était ruisselant d'or et d'argent, de la base au faîte des mille temples et pagodes qui remplissaient l'espace et se perdaient dans les splendeurs de l'horizon. Le bouddhisme ayant respecté les monuments de l'ancien culte, la diversité était infinie. C'étaient des masses imposantes, les unes trapues, les autres élevées comme des montagnes à pic, des coupoles immenses en forme de cloches, des chapelles surmontées d'un œuf monstrueux, blanc comme la neige, enchâssé dans une base dorée, des toits longs superposés sur des piliers à jour autour desquels se tordaient des dragons étincelants, dont les écailles de verre de toutes couleurs semblaient faites de pierres précieuses ; des pyramides formées d'autres toits laqués d'or vert, bleu, rouge, étagés en diminuant jusqu'au faîte, d'où s'élançait une flèche d'or immense terminée par un bouton de cristal, qui resplendissait comme un diamant monstre aux feux du soleil. Plusieurs de ces édifices élevés sur le flanc du ravin avaient des perrons de trois et quatre cents marches avec des terrassements d'une blancheur éclatante qui semblaient taillés dans un seul bloc du plus beau marbre. C'étaient des revêtements de collines entières faites d'un ciment de corail blanc et de nacre pilés. Aux flancs de certains édifices, sur les faîtières, à tous les angles des toits, des monstres fantastiques en bois de santal, tout bossués d'or et d'émail, semblaient s'élancer dans le vide ou vouloir mordre le ciel. Ailleurs, des édifices de bambous, tout à jour et d'un travail exquis. C'était un entassement de richesses folles, de caprices déréglés; la morne splendeur des grands monastères noirs, d'un style antique et farouche, faisait ressortir l'éclat scintillant des constructions modernes. Aujourd'hui, ces magnificences inouïes ne sont plus; alors, c'était un rêve d'or, une fable des contes orientaux réalisée par l'industrie humaine.

» Aux portes de la ville, nous fûmes reçus par

le roi et toute la cour. Le monarque descendit de cheval et vint me saluer, puis on me fit entrer dans un édifice où l'on procéda à ma toilette de cérémonie, que le roi avait apportée dans un grand coffre de bois de cèdre incrusté d'ivoire, porté par le plus beau et le plus paré de ses éléphants; mais comme j'éclipsai ce luxueux subalterne quand je parus dans mon costume d'apparat! Aor commença par me laver et me parfumer avec grand soin, puis on me revêtit de longues bandes écarlates, tissées d'or et de soie, qui se drapaient avec art autour de moi sans cacher la beauté de mes formes et la blancheur sacrée de mon pelage. On mit sur ma tête une tiare en drap écarlate ruisselante de gros diamants et de merveilleux rubis, on ceignit mon front des neuf cercles de pierres précieuses, ornement consacré qui conjure l'influence des mauvais esprits. Entre mes yeux brillait un croissant de pierreries et une plaque d'or où se lisaient tous mes titres. Des glands d'argent du plus beau travail furent suspendus à mes oreilles, des anneaux d'or et d'émeraudes, saphirs et diamants, furent passés dans mes défenses, dont la blancheur et le brillant attestaient ma jeunesse et ma pureté. Deux larges boucliers d'or massif couvrirent mes épaules, enfin un coussin de pourpre fut placé sur mon cou, et je vis avec joie que mon cher Aor avait un sarong de soie blanche brochée d'argent, des bracelets de bras et de jambes en or fin et un léger châle du cachemire blanc le plus moelleux roulé autour de la tête. Lui aussi était lavé et parfumé. Ses formes étaient plus fines et mieux modelées que celles des Birmans, son teint était plus sombre, ses yeux plus beaux. Il était jeune encore, et, quand je le vis recevoir pour me conduire une baguette toute incrustée de perles fines et toute cerclée de rubis, je fus fier de lui et l'enlaçai avec amour. On voulut lui présenter la légère échelle de bambou qui sert à escalader les montures de mon espèce et qu'on leur attache ensuite au flanc pour être à même d'en descendre à volonté. Je repoussai cet emblème de servitude, je me couchai et j'étendis ma tête de manière que mon ami pût s'y asseoir sans rien déranger à ma parure, puis je me relevai si fier et si imposant, que le roi lui-même fut frappé de ma dignité, et déclara que jamais éléphant sacré si noble et si beau n'avait attesté et assuré la prospérité de son empire.

» Notre défilé jusqu'à mon palais dura plus de trois heures; le sol était jonché de verdure et de fleurs. De dix pas en dix pas, des cassolettes placées sur mon passage répandaient de suaves parfums, l'orchestre du roi jouait en même temps que le mien, des troupes de bayadères admirables me précédaient en dansant. De chaque rue qui s'ouvrait sur la rue principale débouchaient des cortéges nouveaux composés de tous les grands de la ville et du pays, qui m'apportaient de nouveaux présents et me suivaient sur deux files. L'air chargé de parfums à la fumée bleue retentissait de fanfares qui eussent couvert le bruit du tonnerre. C'était le rugissement d'une tempête au milieu d'un épanouissement de délices. Toutes les maisons étaient pavoisées de riches tapis et d'étoffes merveilleuses. Beaucoup étaient reliées par de légers arcs de triomphe, ouvrages en rotin improvisés et pavoisés aussi avec une rare élégance. Du haut de ces portes à jour, des mains invisibles faisaient pleuvoir sur moi une neige odorante de fleurs de jasmin et d'oranger.

» On s'arrêta sur une grande place palissadée en arène pour me faire assister aux jeux et aux danses. Je pris plaisir à tout ce qui était agréable et fastueux; mais j'eus horreur des combats d'animaux, et, en voyant deux éléphants, rendus furieux par une nourriture et un entraînement particuliers, tordre avec rage leurs trompes enlacées et se déchirer avec leurs défenses, je quittai la place d'honneur que j'occupais et m'élançai au milieu de l'arène pour séparer les combattants. Aor n'avait pas eu le temps de me retenir, et des cris de désespoir s'élevèrent de toutes parts. On craignait que les adversaires ne fondissent sur moi; mais à peine me virent-il près d'eux, que leur rage tomba comme par enchantement et qu'ils s'enfuirent éperdus et humiliés. Aor, qui m'avait lestement rejoint, déclara que je ne pouvais supporter la vue du sang et que d'ailleurs, après un voyage de plus de cinq cents lieues, j'avais absolument besoin de repos. Le peuple fut très-ému de ma conduite, et les sages du pays se prononcèrent pour moi, affirmant que le Bouddha condamnait les jeux sanglants et les combats d'animaux. J'avais donc exprimé sa volonté, et on renonça pour plusieurs années à ces cruels divertissements.

» On me conduisit à mon palais, situé au delà de la ville, dans un ravin délicieux au bord du fleuve. Ce palais était aussi grand et aussi riche que celui du roi. Outre le fleuve, j'avais dans mon jardin un vaste bassin d'eau courante pour mes ablutions de chaque instant. J'étais fatigué. Je me plongeai dans le bain et me retirai dans la salle qui devait me servir de chambre à coucher, où je restai seul avec Aor, après avoir témoigné que j'avais assez de musique et ne voulais d'autre société que celle de mon ami.

» Cette salle de repos était une coupole imposante, soutenue par une double colonnade de marbre rose. Des étoffes du plus grand prix fermaient les issues et retombaient en gros plis sur le parquet de mosaïque. Mon lit était un amas odorant de bois de santal réduit en fine poussière. Mon auge était une vasque d'argent massif où quatre ersonnes se fussent baignées à l'aise. Mon râtelier était une étagère de laque dorée couverte des fruits les plus succulents. Au milieu de la salle, un vase colossal en porcelaine du Japon laissait retomber en cascade un courant d'eau pure qui se perdait dans une corbeille de lotus. Sur le bord de la vasque de jade, des oiseaux d'or et d'argent émaillés de mille couleurs chatoyantes semblaient se pencher pour boire. Des guirlandes de spathes, de pandanus odorant se balançaient au-dessus de ma tête. Un immense éventail, le *pendjab* des palais de l'Inde, mis en mouvement par des mains invisibles, m'envoyait un air frais sans cesse renouvelé du haut de la coupole.

» A mon réveil, on fit entrer divers animaux apprivoisés, de petits singes, des écureuils, des cigognes, des phénicoptères, des colombes, des cerfs et des biches de cette jolie espèce qui n'a pas plus d'une coudée de haut. Je m'amusai un instant de cette société enjouée ; mais je préférais la fraîcheur et la propreté immaculée de mon appartement à toutes ces visites, et je fis connaître que la société des hommes convenait mieux à la gravité de mon caractère.

» Je vécus ainsi de longues années dans la splendeur et les délices avec mon cher Aor; nous étions de toutes les cérémonies et de toutes les fêtes, nous recevions la visite des ambassadeurs étrangers. Nul sujet n'approchait de moi que les pieds nus et le front dans la poussière. J'étais comblé de présents, et mon palais était un des plus riches musées de l'Asie. Les prêtres les plus savants venaient me voir et converser avec moi, car ils trouvaient ma vaste intelligence à la hauteur de leurs plus beaux préceptes, et prétendaient lire dans ma pensée à travers mon large front toujours empreint d'une sérénité sublime. Aucun temple ne m'était fermé, et j'aimais à pénétrer dans ces hautes et sombres chapelles où la figure colossale de Gautama, ruisselante d'or, se dressait comme un soleil au fond des niches éclairées d'en haut. Je croyais revoir le soleil de mon désert et je m'agenouillais devant lui, donnant ainsi l'exemple aux croyants, édifiés de ma piété. Je savais même présenter des offrandes à l'idole vénérée, et balancer devant elle l'encensoir d'or. Le roi me chérissait et veillait avec soin à ce que ma maison fût toujours tenue sur le même pied que la sienne.

» Mais aucun bonheur terrestre ne peut durer. Ce digne souverain s'engagea dans une guerre funeste contre un État voisin. Il fut vaincu et détrôné. L'usurpateur le relégua dans l'exil et ne lui permit pas de m'emmener. Il me garda comme un signe de sa puissance et un gage de son alliance avec le Bouddha ; mais il n'avait pour moi ni amitié ni vénération, et mon service fut bientôt négligé. Aor s'en affecta et s'en plaignit. Les serviteurs du nouveau prince le prirent en haine et résolurent de se défaire de lui. Un soir, comme nous dormions ensemble, ils pénétrèrent sans bruit chez moi et le frappèrent d'un poignard. Éveillé par ses cris, je fondis sur les assassins, qui prirent la fuite. Mon pauvre Aor était évanoui, son sarong était taché de sang. Je pris dans le bassin d'argent toute l'eau dont je l'aspergeai sans pouvoir le ranimer. Alors, je me souvins du médecin qui était toujours de service dans la pièce voisine, j'allai l'éveiller et je l'amenai auprès d'Aor. Mon ami fut bien soigné et revint à la vie; mais il resta longtemps affaibli par la perte de son sang, et je ne voulus plus sortir ni me baigner sans lui. La douleur m'accablait, je refusais de manger; toujours couché près de lui, je versais des larmes et lui parlais avec mes yeux et mes oreilles pour le supplier de guérir.

» On ne rechercha pas les assassins ; on prétendit que j'avais blessé Aor par mégarde avec une de mes défenses, et on parla de me les scier. Aor s'indigna et jura qu'il avait été frappé avec un stylet. Le médecin, qui savait bien à quoi s'en tenir, n'osa pas affirmer la vérité. Il conseilla même à mon ami de se taire, s'il ne voulait hâter le triomphe des ennemis qui avaient juré sa perte.

» Alors, un profond chagrin s'empara de moi, et la vie civilisée à laquelle on m'avait initié me parut la plus amère des servitudes. Mon bonheur dépendait du caprice d'un prince qui ne savait ou ne voulait pas protéger les jours de mon meilleur ami. Je pris en dégoût les honneurs hypocrites qui m'étaient encore rendus pour la forme, je reçus les visites officielles avec humeur, je chassai les bayadères et les musiciens qui troublaient le faible et pénible sommeil de mon ami. Je me privai le plus possible de dormir pour veiller sur lui.

» J'avais le pressentiment d'un nouveau malheur, et dans cette surexcitation du sentiment je subis un phénomène douloureux, celui de retrouver la mémoire de mes jeunes années. Je revis dans mes rêves troublés l'image longtemps effacée de ma mère assassinée en me couvrant de son corps percé de flèches. Je revis aussi mon désert, mes arbres splendides, mon fleuve Tenasserim, ma montagne d'Ophir, et ma vaste mer étincelante à l'horizon. La nostalgie s'empara de moi et une idée fixe, l'idée de fuir, domina impérieusement mes rêveries. Mais je voulais fuir avec Aor, et le pauvre Aor, couché sur le flanc, pouvait à peine se soulever pour baiser mon front penché vers lui.

» Une nuit, malade moi-même, épuisé de veilles et succombant à la fatigue, je dormis profondément durant quelques heures. A mon réveil, je ne vis plus Aor sur sa couche et je l'appelai en vain. Éperdu, je sortis dans le jardin, je cherchai au bord de l'étang. Mon odorat me fit savoir qu'Aor n'était point là et qu'il n'y était pas venu récemment. Grâce à la négligence qui avait gagné mes serviteurs, je pus ouvrir moi-même les portes de l'enclos et sortir des palissades. Alors, je sentis le voisinage de mon ami et m'élançai dans un bois de tamarins qui tapissait la colline. A une courte distance, j'entendis un cri plaintif et je me précipitai dans un fourré où je vis Aor lié à un arbre et entouré de scélérats prêts à le frapper. D'un bond, je les renversai tous, je les foulai aux pieds sans pitié. Je rompis les liens qui retenaient Aor, je le saisis délicatement, je l'aidai à se placer sur mon cou, et, prenant l'allure rapide et silencieuse de l'éléphant en fuite, je m'enfonçai au hasard dans les forêts.

» A cette époque, la partie de l'Inde où nous nous trouvions offrait le contraste heurté des civilisations luxueuses à deux pas des déserts inexplorables. J'eus donc bientôt gagné les solitudes sauvages des monts Karens, et, quand, à bout de forces, je me couchai sur les bords d'un fleuve plus direct et plus rapide que l'Iraouaddy, nous étions déjà à trente lieues de la ville birmane. Aor me dit :

— Où allons-nous? Ah! je le vois dans tes regards, tu veux retourner dans nos montagnes; mais tu crois y être déjà, et tu t'abuses. Nous en sommes bien loin, et nous ne pourrons jamais y arriver sans être découverts et repris. D'ailleurs, quand nous échapperions aux hommes, nous ne pourrions aller loin sans que, malade comme je suis, je meure, et alors comment te dirigeras-tu sans moi dans cette route lointaine? Laisse-moi ici, car c'est à moi seul qu'on en veut, et retourne à Pagham, où personne n'osera te menacer.

» Je lui témoignai que je ne voulais ni le quitter ni retourner chez les Birmans; que, s'il mourait, je mourrais aussi; qu'avec de la patience et du courage, nous pouvions redevenir heureux.

» Il se rendit, et, après avoir pris du repos, nous nous remîmes en route. Au bout de quelques jours de voyage, nous avions recouvré tous deux la santé, l'espoir et la force. L'air libre de la solitude, l'austère parfum des forêts, la saine chaleur des rochers, nous guérissaient mieux que toutes les douceurs du faste et tous les remèdes des médecins. Cependant, Aor était parfois effrayé de la tâche que je lui imposais. Enlever un éléphant sacré, c'était, en cas d'insuccès, se dévouer aux plus atroces supplices. Il me disait ses craintes sur une flûte de roseau qu'il s'était faite et dont il jouait mieux que jamais. J'étais arrivé à un exercice de la pensée presque égal à celui de l'homme; je lui fis comprendre ce qu'il fallait faire, en me couvrant d'une vase noire qui s'étalait au bord du fleuve et dont je m'aspergeais avec adresse. Frappé de ma pénétration, il recueillit divers sucs de plantes dont il connaissait bien les propriétés. Il en fit une teinture qui me rendit, sauf la taille, entièrement semblable aux éléphants vulgaires. Je lui indiquai que cela ne suffisait pas et qu'il fallait,

8

pour me rendre méconnaissable, scier mes défenses. Il ne s'y résigna pas. J'étais à ma sixième dentition, et il craignait que mes crochets ne pussent repousser. Il jugea que j'étais suffisamment déguisé, et nous nous remîmes en route.

» Quelque peu fréquenté que fût ce chemin de montagnes, ce fut miracle que d'échapper aux dangers de notre entreprise. Jamais nous n'y fussions parvenus l'un sans l'autre; mais, dans l'union intime de l'intelligence humaine avec une grande force animale, une puissance exceptionnelle s'improvise. Si les hommes avaient su s'identifier aux animaux assez complétement pour les amener à s'identifier à eux, ils n'auraient pas trouvé en eux des esclaves parfois rebelles et dangereux, souvent surmenés et insuffisants. Ils auraient eu d'admirables amis et ils eussent résolu le problème de la force consciente sans avoir recours aux forces aveugles de la machine, animal plus redoutable et plus féroce que les bêtes du désert.

» A force de prudence et de persévérance, quelquefois harcelés par des bandits que je sus mettre en fuite et dont je ne craignais ni les lances ni les flèches, revêtu que j'étais d'une légère armure en écailles de bois de fer qu'Aor avait su me fabriquer, nous parvînmes au fleuve Tenasserim. Notre direction n'avait pas été difficile à suivre. Outre que nous nous rappelions très-bien l'un et l'autre ce voyage que nous avions déjà fait, la construction géologique de l'Indo-Chine est très-simple. Les longues arêtes de montagnes, séparées par des vallées profondes et de larges fleuves, se ramifient médiocrement et s'inclinent sans point d'arrêt sensible jusqu'à la mer. Les monts Karens se relient aux monts Moghs en ligne presque droite. Nous fîmes très-rarement fausse route, et nos erreurs furent rapidement rectifiées. Je dois dire que, de nous deux, j'étais toujours le plus prompt à retrouver la vraie direction.

» Nous n'approchâmes de nos anciennes demeures qu'avec circonspection. Il nous fallait vivre seuls et en liberté complète. Nous fûmes servis à souhait. La tribu, enrichie par la vente de ma personne à l'ancien roi des Birmans, avait quitté ses villages de roseaux, et nos forêts, dépeuplées d'animaux à la suite d'une terrible sécheresse, avaient été abandonnées par les chasseurs. Nous pûmes y faire un établissement plus libre et plus sûr encore que par le passé. Aor ne possédait absolument rien et ne regrettait rien de notre splendeur évanouie. Sans amis, sans famille, il ne connaissait et n'aimait plus que moi sur la terre. Je n'avais jamais aimé que ma mère et lui. Une si longue intimité avait détruit entre nous l'obstacle apporté par la nature à notre assimilation. Nous conversions ensemble comme deux êtres de même espèce. Ma pantomime était devenue si réfléchie, si sobre, si expressive, qu'il lisait dans ma pensée comme moi dans la sienne. Il n'avait même plus besoin de me parler. Je le sentais triste ou gai selon le mode et les inflexions de sa flûte, et, notre destinée étant commune, je me reportais avec lui dans les souvenirs du passé, ou je me plongeais dans la béate extase du présent.

» Nous passâmes de longues années dans les délices de la délivrance. Aor était devenu bouddhiste fervent en Birmanie et ne vivait plus que de végétaux. Notre subsistance était assurée, et nous ne connaissions plus ni la souffrance ni la maladie.

» Mais le temps marchait, et Aor était devenu vieux. J'avais vu ses cheveux blanchir et ses forces décroître. Il me fit comprendre les effets de l'âge et m'annonça qu'il mourrait bientôt. Je prolongeai sa vie en lui épargnant toute fatigue et tout soin. Un moment vint où il ne put pourvoir à ses besoins, je lui apportais sa nourriture et je construisais ses abris. Il perdit la chaleur du sang, et, pour se réchauffer, il ne quittait plus le contact de mon corps. Un jour, il me pria de lui creuser une fosse parce qu'il se sentait mourir. J'obéis, il s'y coucha sur un lit d'herbages, enlaça ses bras autour de ma trompe et me dit adieu. Puis ses bras retombèrent, il resta immobile, et son corps se raidit.

» Il n'était plus. Je recouvris la fosse comme il me l'avait commandé, et je me couchai dessus. Avais-je bien compris la mort? Je le pense, et pourtant je ne me demandai pas si la longévité

8.

de ma race me condamnait à lui survivre beaucoup. Je ne pris pas la résolution de mourir aussi. Je pleurai et j'oubliai de manger. Quand la nuit fut passée, je n'eus aucune idée d'aller au bain ni de me mouvoir. Je restai plongé dans un accablement absolu. La nuit suivante me trouva inerte et indifférent. Le soleil revint encore une fois et me trouva mort.

» L'âme fidèle et généreuse d'Aor avait-elle passé en moi? Peut-être. J'ai appris dans d'autres existences qu'après ma disparition l'empire birman avait éprouvé de grands revers. La royale ville de Pagham fut abandonnée par le conseil des prêtres de Gautama. Le Bouddha était irrité du peu de soin qu'on avait eu de moi, ma fuite témoignait de son mécontentement. Les riches emportèrent leurs trésors et se bâtirent de nouveaux palais sur le territoire d'Ava; plus tard, ils abandonnèrent encore cette ville somptueuse pour Amarapoura. Les pauvres emportèrent à dos de chameau leurs maisons de rotin pour suivre les maîtres du pays loin de la cité maudite. Pagham avait été le séjour et l'orgueil de quarante-cinq rois consécutifs, je l'avais condamnée en la quittant, elle n'est plus aujourd'hui qu'un grandiose amas de ruines.

— Votre histoire m'a amusée, dit alors à sir William la petite fille qui lui avait déjà parlé ; mais à présent, puisque nous avons tous été des bêtes avant d'être des personnes, je voudrais savoir ce que nous serons plus tard, car enfin tout ce que l'on raconte aux enfants doit avoir une moralité à la fin, et je ne vois pas venir la vôtre.

— Ma sœur a raison, dit un jeune homme qui avait écouté sir William avec intérêt. Si c'est une récompense d'être homme après avoir été chien honnête ou éléphant vertueux, l'homme honnête et vertueux doit avoir aussi la sienne en ce monde.

— Sans aucun doute, répondit sir William. La personnalité humaine n'est pas le dernier mot de la création sur notre planète. Les savants les plus modernes sont convaincus que l'intelligence progresse d'elle-même par la loi qui régit la matière. Je n'ai pas besoin d'entrer dans cet ordre d'idées pour vous dire qu'esprit et matière progressent de compagnie. Ce qu'il y a de certain pour moi, c'est que tout être aspire à se perfectionner et que, de tous les êtres, l'homme est le plus jaloux de s'élever au-dessus de lui-même. Il y est merveilleusement aidé par l'étendue de son intelligence et par l'ardeur de son sentiment. Il sent qu'il est un produit encore très-incomplet de la nature et qu'une race plus parfaite doit lui succéder par voie ininterrompue de son propre développement.

— Je ne comprends pas bien, reprit la petite fille; deviendrons-nous des anges avec des ailes et des robes d'or?

— Parfaitement, répondit sir William. Les robes d'or sont des emblèmes de richesse et de pureté; nous deviendrons tous riches et purs; les ailes, nous saurons les trouver : la science nous les donnera pour traverser les airs, comme elle nous a donné les nageoires pour traverser les mers.

— Oh! nous voilà retombés dans les machines que vous maudissiez tout à l'heure.

— Les machines feront leur temps comme nous ferons le nôtre, repartit sir William, l'animalité fera le sien et progressera en même temps que nous. Qui vous dit qu'une race d'aigles aussi puissants que les ballons et aussi dociles que les chevaux ne surgira pas pour s'associer aux voyages aériens de l'homme futur? Est-ce une simple fantaisie poétique que ces dieux de l'antiquité portés ou traînés par des lions, des dauphins ou des colombes? N'est-ce pas plutôt une sorte de vue prophétique de la domestication de toutes les créatures associées à l'homme divinisé de l'avenir? Oui, l'homme doit dès ce monde devenir ange, si par ange vous entendez un type d'intelligence et de grandeur morale supérieur au nôtre. Il ne faut pas un miracle païen, il ne faut qu'un miracle naturel, comme ceux qui se sont déjà tant de fois accomplis sur la terre, pour que l'homme voie changer ses besoins et ses organes en vue d'un milieu nouveau. J'ai vu des races entières s'abstenir de manger la chair des animaux, un grand progrès de la race entière sera de devenir frugivore, et les carnassiers disparaîtront. Alors fleurira la grande association universelle, l'enfant jouera avec le tigre comme le jeune Bacchus, l'éléphant sera l'ami de l'homme, les oiseaux de haut vol conduiront dans les airs nos chars ovoïdes, la baleine transportera nos messages. Que sais-je! tout devient possible sur notre planète dès que nous supprimons le carnage et la guerre. Toutes les forces intelligentes de la nature, au lieu de s'entre-dévorer, s'organisent fraternellement pour soumettre et féconder la matière inorganique... Mais j'ai tort de vous esquisser ces merveilles; vous êtes plus à même que moi, jeunes esprits qui m'interrogez, d'en évoquer les riantes et sublimes images. Il suffit que, du monde réel, je vous aie lancés dans le monde du rêve. Rêvez, imaginez, faites du merveilleux, vous ne risquez pas d'aller trop loin, car l'avenir du monde idéal auquel nous devons croire dépassera encore de beaucoup les aspirations de nos âmes timides et incomplètes.

L'ORGUE DU TITAN

Un soir, l'improvisation musicale du vieux et illustre maître Angelin nous passionnait comme de coutume, lorsqu'une corde de piano vint à se briser avec une vibration insignifiante pour nous, mais qui produisit sur les nerfs surexcités de l'artiste l'effet d'un coup de foudre. Il recula brusquement sa chaise, frotta ses mains, comme si, chose impossible, la corde les eût cinglées, et laissa échapper ces étranges paroles :

— Diable de titan, va !

Sa modestie bien connue ne nous permettait pas de penser qu'il se comparât à un titan. Son émotion nous parut extraordinaire. Il nous dit que ce serait trop long à expliquer.

—Ceci m'arrive quelquefois, nous dit-il, quand je joue le motif sur lequel je viens d'improviser. Un bruit imprévu me trouble et il me semble que mes mains s'allongent. C'est une sensation douloureuse et qui me reporte à un moment tragique et pourtant heureux dans mon existence.

Pressé de s'expliquer, il céda et nous raconta ce qui suit :

**

Vous savez que je suis de l'Auvergne, né dans une très-pauvre condition et que je n'ai pas connu mes parents. Je fus élevé par la charité publique et recueilli par M. Jansiré, que l'on appelait par abréviation maître Jean, professeur de musique et organiste de la cathédrale de Clermont. J'étais son élève en qualité d'enfant de chœur. En outre, il prétendait m'enseigner le solfége et le clavecin.

C'était un homme terriblement bizarre que maître Jean, un véritable type de musicien classique, avec toutes les excentricités que l'on nous attribue, que quelques-uns de nous affectent encore, et qui, chez lui, étaient parfaitement naïves, par conséquent redoutables.

Il n'était pas sans talent, bien que ce talent fût très au-dessous de l'importance qu'il lui attribuait. Il était bon musicien, avait des leçons en ville et m'en donnait à moi-même à ses moments perdus, car j'étais plutôt son domestique que son élève et je faisais mugir les soufflets de l'orgue plus souvent que je n'en essayais les touches.

Ce délaissement ne m'empêchait pas d'aimer la musique et d'en rêver sans cesse; à tous autres égards, j'étais un véritable idiot, comme vous allez voir.

Nous allions quelquefois à la campagne, soit pour rendre visite à des amis du maître, soit pour réparer les épinettes et clavecins de sa clientèle; car, en ce temps-là, — je vous parle du commencement du siècle, — il y avait fort peu de pianos dans nos provinces, et le professeur organiste ne dédaignait pas les petits profits du luthier et de l'accordeur.

Un jour, maître Jean me dit :

— Petit, vous vous lèverez demain avec le jour. Vous ferez manger l'avoine à Bibi, vous lui mettrez la selle et le portemanteau et vous viendrez avec moi. Emportez vos souliers neufs et votre habit vert billard. Nous allons passer deux jours de vacances chez mon frère le curé de Chanturgue.

Bibi était un petit cheval maigre, mais vigoureux, qui avait l'habitude de porter maître Jean avec moi en croupe.

Le curé de Chanturgue était un bon vivant et un excellent homme que j'avais vu quelquefois chez son frère. Quant à Chanturgue, c'était une paroisse éparpillée dans les montagnes et dont je n'avais non plus d'idée que si l'on m'eût parlé de quelque tribu perdue dans les déserts du nouveau monde.

Il fallait être ponctuel avec maître Jean. A trois heures du matin, j'étais debout; à quatre, nous étions sur la route des montagnes; à midi, nous prenions quelque repos et nous déjeunions dans une petite maison d'auberge bien noire et bien froide, située à la limite d'un désert de bruyères et de laves ; à trois heures, nous repartions à travers ce désert.

La route était si ennuyeuse, que je m'endormis à plusieurs reprises. J'avais étudié très-consciencieusement la manière de dormir en croupe sans que le maître s'en aperçût. Bibi ne portait pas seulement l'homme et l'enfant, il avait encore à l'arrière-train, presque sur la queue, un portemanteau étroit, assez élevé, une sorte de petite caisse en cuir où ballottaient pêle-mêle les outils de maître Jean et ses nippes de rechange. C'est sur ce portemanteau que je me calais, de manière qu'il ne sentît pas sur son dos l'alourdissement de ma personne et sur son épaule le balancement de ma tête. Il avait beau consulter le profil que nos ombres dessinaient sur les endroits aplanis du chemin ou sur les talus de rochers ; j'avais étudié cela aussi, et j'avais, une fois pour toutes, adopté une pose en raccourci, dont il ne pouvait saisir nettement l'intention. Quelquefois pourtant, il soupçonnait quelque chose et m'allongeait sur les jambes un coup de sa cravache à pomme d'argent, en disant :

— Attention, petit! on ne dort pas dans la montagne!

Comme nous traversions un pays plat et que les précipices étaient encore loin, je crois que ce jour-là il dormit pour son compte. Je m'éveillai dans un lieu qui me parut sinistre. C'était encore un sol plat couvert de bruyères et de buissons de sorbiers nains. De sombres collines tapissées de petits sapins s'élevaient sur ma droite et fuyaient derrière moi ; à mes pieds, un petit lac, rond comme un verre de lunette,—c'est vous dire que c'était un ancien cratère,—reflétait un ciel bas et nuageux. L'eau, d'un gris bleuâtre, à pâles reflets métalliques, ressemblait à du plomb en fusion. Les berges unies de cet étang circulaire cachaient pourtant l'horizon, d'où l'on pouvait conclure que nous étions sur un plan très-élevé ; mais je ne m'en rendis point compte et j'eus une sorte d'étonnement craintif en voyant les nuages ramper si près de nos têtes, que, selon moi, le ciel menaçait de nous écraser.

Maître Jean ne fit nulle attention à ma mélancolie.

— Laisse brouter Bibi, me dit-il en mettant pied à terre ; il a besoin de souffler. Je ne suis pas sûr d'avoir suivi le bon chemin, je vais voir.

Il s'éloigna et disparut dans les buissons ; Bibi se mit à brouter les fines herbes et les jolis œillets sauvages qui foisonnaient avec mille autres fleurs dans ce pâturage inculte. Moi, j'essayai de me réchauffer en battant la semelle. Bien que nous fussions en plein été, l'air était glacé. Il me sembla que les recherches du maître duraient un siècle. Ce lieu désert devait servir de refuge à des bandes de loups, et, malgré sa maigreur, Bibi eût fort bien pu les tenter. J'étais en ce temps-là plus maigre encore que lui ; je ne me sentis pourtant pas rassuré pour moi-même. Je trouvais le pays affreux et ce que le maître appelait une partie de plaisir s'annonçait pour moi comme une expédition grosse de dangers. Était-ce un pressentiment ?

Enfin il reparut, disant que c'était le bon chemin et nous repartîmes au petit trot de Bibi, qui ne paraissait nullement démoralisé d'entrer dans la montagne.

Aujourd'hui, de belles routes sillonnent ces sites sauvages, en partie cultivés déjà ; mais, à l'époque où je les vis pour la première fois, les voies étroites, inclinées ou relevées dans tous les sens, allant au plus court n'importe au prix de quels efforts, n'étaient point faciles à suivre. Elles n'étaient empierrées que par les écroulements fortuits des montagnes, et, quand elles traversaient ces plaines disposées en terrasses, il arrivait que l'herbe recouvrait fréquemment les traces des petites roues de chariot et des pieds non ferrés des chevaux qui les traînaient.

Quand nous eûmes descendu jusqu'aux rives déchirées d'un torrent d'hiver, à sec pendant l'été, nous remontâmes rapidement, et, en tournant le massif exposé au nord, nous nous retrouvâmes vers le midi dans un air pur et brillant. Le soleil sur son déclin enveloppait le paysage d'une splendeur extraordinaire et ce paysage était une des plus belles choses que j'ai vues de ma vie. Le chemin tournant, tout bordé d'un buisson épais d'épilobes roses, dominait un plan raviné au flanc duquel surgissaient deux puissantes roches de basalte d'aspect monumental, portant à leur cime des aspérités volcaniques qu'on eût pu prendre pour des ruines de forteresses.

J'avais déjà vu les combinaisons prismatiques du basalte dans mes promenades autour de Clermont, mais jamais avec cette régularité et dans cette proportion. Ce que l'une de ces roches avait d'ailleurs de particulier, c'est que les prismes étaient contournés en spirale et semblaient être l'ouvrage à la fois grandiose et coquet d'une race d'hommes gigantesques.

Ces deux roches paraissaient, d'où nous étions, fort voisines l'une de l'autre; mais en réalité elles étaient séparées par un ravin à pic au fond duquel coulait une rivière. Telles qu'elles se présentaient, elles servaient de repoussoir à une gracieuse perspective de montagnes marbrées de prairies vertes comme l'émeraude, et coupées de ressauts charmants formés de lignes rocheuses et de forêts. Dans tous les endroits adoucis, on saisissait au loin les chalets et les troupeaux de vaches, brillantes comme de fauves étincelles au reflet du couchant. Puis, au bout de cette perspective, par-dessus l'abîme des vallées profondes noyées dans la lumière, l'horizon se relevait en dentelures bleues, et les monts Dômes profilaient dans le ciel leurs pyramides tronquées, leurs ballons arrondis ou leurs masses isolées, droites comme des tours.

La chaîne de montagnes où nous entrions avait des formes bien différentes, plus sauvages et pourtant plus suaves. Les bois de hêtres jetés en pente rapide, avec leurs mille cascatelles au frais murmure, les ravins à pic tout tapissés de plantes grimpantes, les grottes où le suintement des sources entretenait le revêtement épais des mousses veloutées, les gorges étroites brusquement fermées à la vue par leurs coudes multipliés, tout cela était bien plus alpestre et plus mystérieux que les lignes froides et nues des volcans de date plus récente.

Depuis ce jour, j'ai revu l'entrée solennelle que les deux roches basaltiques placées à la limite du désert font à la chaîne du mont Dore, et j'ai pu me rendre compte du vague éblouissement que j'en reçus quand je les vis pour la première fois. Personne ne m'avait encore appris en quoi consiste le beau dans la nature. Je le sentis pour ainsi dire physiquement, et, comme j'avais mis pied à terre pour faciliter la montée au petit cheval, je restai immobile, oubliant de suivre le cavalier.

— Eh bien, eh bien, me cria maître Jean, que faites-vous là-bas, imbécile?

Je me hâtai de le rejoindre et de lui demander le nom de l'endroit *si drôle*, où nous étions.

— Apprenez, drôle vous-même, répondit-il, que cet endroit est un des plus extraordinaires et des plus effrayants que vous verrez jamais. Il n'a pas de nom que je sache, mais les deux pointes que vous voyez là, c'est la roche Sanadoire et la roche Tuilière. Allons, remontez, et faites attention à vous.

Nous avions tourné les roches et devant nous s'ouvrait l'abîme vertigineux qui les sépare. De cela, je ne fus point effrayé. J'avais gravi assez souvent les pyramides escarpées des monts Dômes pour ne pas connaître l'éblouissement de l'espace. Maître Jean, qui n'était pas né dans la montagne

9.

et qui n'était venu en Auvergne qu'à l'âge d'homme, était moins aguerri que moi.

Je commençai, ce jour-là, à faire quelques réflexions sur les puissants accidents de la nature au milieu desquels j'avais grandi sans m'en étonner, et, au bout d'un instant de silence, me retournant vers la roche Sanadoire, je demandai à mon maître *qu'est-ce qui avait fait* ces choses-là.

— C'est Dieu qui a fait toutes choses, répondit-il, vous le savez bien.

— Je sais; mais pourquoi a-t-il fait des endroits qu'on dirait tout cassés, comme s'il avait voulu les défaire après les avoir faits?

La question était fort embarrassante pour maître Jean, qui n'avait aucune notion des lois naturelles de la géologie et qui, comme la plupart des gens de ce temps-là, mettait encore en doute l'origine volcanique de l'Auvergne. Cependant, il ne lui convenait pas d'avouer son ignorance, car il avait la prétention d'être instruit et beau parleur. Il tourna donc la difficulté en se jetant dans la mythologie et me répondit emphatiquement :

— Ce que vous voyez là, c'est l'effort que firent les titans pour escalader le ciel.

— Les titans! qu'est-ce que c'est que cela? m'écriai-je voyant qu'il était en humeur de déclamer.

— C'était, répondit-il, des géants effroyables qui prétendaient détrôner Jupiter et qui entassèrent roches sur roches, monts sur monts, pour arriver jusqu'à lui ; mais il les foudroya, et ces montagnes brisées, ces autres éventrées, ces abîmes, tout cela, c'est l'effet de la grande bataille.

— Est-ce qu'ils sont tous morts? demandai-je.

— Qui ça? les titans?

— Oui; est-ce qu'il y en a encore?

Maître Jean ne put s'empêcher de rire de ma simplicité, et, voulant s'en amuser, il répondit :

— Certainement, il en est resté quelques-uns.

— Bien méchants?

— Terribles!

— Est-ce que nous en verrons dans ces montagnes-ci?

— Eh! eh! cela se pourrait bien.

— Est-ce qu'ils pourraient nous faire du mal?

— Peut-être ! mais, si tu en rencontres, tu te dépêcheras d'ôter ton chapeau et de saluer bien bas.

— Qu'à cela ne tienne! répondis-je gaiement.

Maître Jean crut que j'avais compris son ironie et songea à autre chose. Quant à moi, je n'étais point rassuré, et, comme la nuit commençait à se faire, je jetais des regards méfiants sur toute roche ou surtout gros arbre d'apparence suspecte, jusqu'à ce que, me trouvant tout près, je pusse m'assurer qu'il n'y avait pas là forme humaine.

Si vous me demandiez où est située la paroisse de Chanturgue, je serais bien empêché de vous le dire. Je n'y suis jamais retourné depuis et je l'ai en vain cherchée sur les cartes et dans les itinéraires. Comme j'étais impatient d'arriver, la peur me gagnant de plus en plus, il me sembla que c'était fort loin de la roche Sanadoire. En réalité, c'était fort près, car il ne faisait pas nuit noire quand nous y arrivâmes. Nous avions fait beaucoup de détours en côtoyant les méandres du torrent. Selon toute probabilité, nous avions passé derrière les montagnes que j'avais vues de la roche Sanadoire et nous étions de nouveau à l'exposition du midi, puisqu'à plusieurs centaines de mètres au-dessous de nous croissaient quelques maigres vignes.

Je me rappelle très-bien l'église et le presbytère avec les trois maisons qui composaient le village. C'était au sommet d'une colline adoucie que des montagnes plus hautes abritaient du vent. Le chemin raboteux était très-large et suivait avec une sage lenteur les mouvements de la colline. Il était bien battu, car la paroisse, composée d'habitations éparses et lointaines, comptait environ trois cents habitants que l'on voyait arriver tous les dimanches, en famille, sur leurs chars à quatre roues, étroits et longs comme des pirogues et traînés par des vaches. Excepté ce jour-là, on pouvait se croire dans le désert; les maisons qui eussent pu être en vue se trouvaient cachées sous l'épaisseur des arbres au fond des ravins, et celles des bergers, situées en haut, étaient abritées dans les plis des grosses roches.

Malgré son isolement et la sobriété de son ordinaire, le curé de Chanturgue était gros, gras et fleuri comme les plus beaux chanoines d'une cathédrale. Il avait le caractère aimable et gai. Il n'avait pas été trop tourmenté par la Révolution. Ses paroissiens l'aimaient parce qu'il était humain, tolérant, et prêchait en langage du pays.

Il chérissait son frère Jean, et, bon pour tout le monde, il me reçut et me traita comme si j'eusse été son neveu. Le souper fut agréable et le lendemain s'écoula gaiement. Le pays, ouvert d'un côté sur les vallées, n'était point triste ; de l'autre, il était enfoui et sombre, mais les bois de hêtres et de sapins pleins de fleurs et de fruits sauvages, coupés par des prairies humides d'une fraîcheur délicieuse, n'avaient rien qui me rappelât le site terrible de la roche Sanadoire ; les fantômes de titans qui m'avaient gâté le souvenir de ce bel endroit s'effacèrent de mon esprit.

On me laissa courir où je voulus, et je fis connaissance avec les bûcherons et les bergers, qui me chantèrent beaucoup de chansons. Le curé, qui voulait fêter son frère et qui l'attendait, s'était approvisionné de son mieux, mais lui et moi faisions seuls honneur au festin. Maître Jean avait un médiocre appétit, comme les gens qui boivent sec. Le curé lui servit à discrétion le vin du cru, noir comme de l'encre, âpre au goût, mais vierge de tout alliage malfaisant, et, selon lui, incapable de faire mal à l'estomac.

Le jour suivant, je pêchai des truites avec le sacristain dans un petit réservoir que formait la rencontre de deux torrents et je m'amusai énormément à écouter une mélodie naturelle que l'eau avait trouvée en se glissant dans une pierre creuse. Je la fis remarquer au sacristain, mais il ne l'entendit pas et crut que je rêvais.

Enfin, le troisième jour, on se disposa à la séparation. Maître Jean voulait partir de bonne heure, disant que la route était longue, et l'on se mit à déjeuner avec le projet de manger vite et de boire peu.

Mais le curé prolongeait le service, ne pouvant se résoudre à nous laisser partir sans être bien lestés.

— Qui vous presse tant? disait-il. Pourvu que vous soyez sortis en plein jour de la montagne, à partir de la descente de la roche Sanadoire vous rentrez en pays plat et plus vous approchez de Clermont, meilleure est la route. Avec cela, la lune est au plein et il n'y a pas un nuage au ciel. Voyons, voyons, frère Jean, encore un verre de ce vin, de ce bon petit vin de *Chante-orgue!*

— Pourquoi *Chante-orgue?* dit maître Jean.

— Eh! ne vois-tu pas que Chanturgue vient de Chante-orgue? C'est clair comme le jour et je n'ai pas été long à en découvrir l'étymologie.

— Il y a donc des orgues dans vos vignes? demandai-je avec ma stupidité accoutumée.

— Certainement, répondit le bon curé. Il y en a plus d'un quart de lieue de long.

— Avec des tuyaux?

— Avec des tuyaux tout droits comme à ton orgue de la cathédrale.

— Et qu'est-ce qui en joue?

— Oh! les vignerons avec leurs pioches.

— Qu'est-ce donc qui les a faites, ces orgues?

— *Les titans!* dit maître Jean en reprenant son ton railleur et doctoral.

— En effet, c'est bien dit, reprit le curé, émerveillé du génie de son frère. On peut dire que c'est l'œuvre des titans !

J'ignorais que l'on donnât le nom de *jeux d'orgues* aux cristallisations du basalte quand elles offrent de la régularité. Je n'avais jamais ouï parler des célèbres orgues basaltiques d'Espaly en Velay, ni de plusieurs autres très-connues aujourd'hui et dont personne ne s'étonne plus. Je pris au pied de la lettre l'explication de M. le curé et je me félicitai de n'être point descendu à la vigne, car toutes mes terreurs me reprenaient.

Le déjeuner se prolongea indéfiniment et devint un dîner, presque un souper. Maître Jean était enchanté de l'étymologie de Chanturgue et ne se lassait pas de répéter :

— Chante-orgue ! Joli vin, joli nom ! On l'a fait pour moi qui touche l'orgue, et agréablement, je m'enflatte ! Chante, petit vin, chante dans mon verre ! chante aussi dans ma tête ! Je te sens gros de fugues et de motets qui couleront de mes doigts comme tu coules de la bouteille ! A ta santé, frère ! Vivent les grandes orgues de Chanturgue ! vive mon petit orgue de la cathédrale, qui, tout de même, est aussi puissant sous ma main qu'il le serait sous celle d'un titan! Bah! je suis un titan aussi, moi! Le génie grandit l'homme et chaque fois que j'entonne le *Gloria in excelsis*, j'escalade le ciel!

Le bon curé prenait sérieusement son frère pour un grand homme et il ne le grondait pas de ses accès de vanité délirante. Lui-même fêtait le vin de *Chante-orgue* avec l'attendrissement d'un frère qui reçoit les adieux prolongés de son frère bien-aimé; si bien que le soleil commençait à baisser quand on m'ordonna d'aller habiller Bibi. Je ne répondrais pas que j'en fusse bien capable. L'hospitalité avait rempli bien souvent mon verre et la politesse m'avait fait un devoir de ne pas le laisser plein. Heureusement le sacristain m'aida, et, après de longs et tendres embrassements, les deux frères baignés de larmes se quittèrent au bas de la colline. Je montai en trébuchant sur l'échine de Bibi.

—Est-ce que, par hasard, monsieur serait ivre? dit maître Jean en caressant mes oreilles de sa terrible cravache.

Mais il ne me frappa point. Il avait le bras singulièrement mou et les jambes très-lourdes, car on eut beaucoup de peine à équilibrer ses étriers, dont l'un se trouvait alternativement plus long que l'autre...

Je ne sais point ce qui se passa jusqu'à la nuit. Je crois bien que je ronflais tout haut sans que le maître s'en aperçût. Bibi était si raisonnable que j'étais sans inquiétude. Là où il avait passé une fois, il s'en souvenait toujours.

Je m'éveillai en le sentant s'arrêter brusquement et il me sembla que mon ivresse était tout à fait dissipée, car je me rendis fort vite compte de la situation. Maître Jean n'avait pas dormi, ou bien il s'était malheureusement réveillé à temps pour contrarier l'instinct de sa monture. Il l'avait engagée dans un faux chemin. Le docile Bibi avait obéi sans résistance; mais voilà qu'il sentait le terrain manquer devant lui et qu'il se rejetait en arrière pour ne pas se précipiter avec nous dans l'abîme.

Je fus vite sur mes pieds, et je vis au-dessus de nous, à droite, la roche Sanadoire toute bleue au reflet de la lune, avec son jeu d'orgues contourné et sa couronne dentelée. Sa sœur jumelle, la roche Tuilière, était à gauche, de l'autre côté du ravin, l'abîme entre deux ; et nous, au lieu de suivre le chemin d'en haut, nous avions pris le sentier à mi-côte.

— Descendez, descendez ! criai-je au professeur de musique. Vous ne pouvez point passer là ! c'est un sentier pour les chèvres.

— Allons donc, poltron, répondit-il d'une voix forte, Bibi n'est-il point une chèvre?

— Non, non, maître, c'est un cheval ; ne rêvez pas ! Il ne peut pas et il ne veut pas !

Et, d'un violent effort, je retirai Bibi du danger, mais non sans l'abattre un peu sur ses jarrets, ce qui força le maître à descendre plus vite qu'il n'eût voulu.

Ceci le mit dans une grande colère, bien qu'il n'eût aucun mal, et, sans tenir compte de l'endroit dangereux où nous nous trouvions, il chercha sa cravache pour m'administrer une de ces corrections qui n'étaient pas toujours anodines. J'avais tout mon sang-froid. Je ramassai la cravache avant lui, et, sans respect pour la pomme d'argent, je la jetai dans le ravin.

Heureusement pour moi, maître Jean ne s'en aperçut pas. Ses idées se succédèrent trop rapidement.

— Ah! Bibi ne veut pas! disait-il, et Bibi ne peut pas! Bibi n'est pas une chèvre! Eh bien, moi, je suis une gazelle!

Et, en parlant ainsi, il se prit à courir devant lui, se dirigeant vers le précipice.

Malgré l'aversion qu'il m'inspirait dans ses accès de colère, je fus épouvanté et m'élançai sur ses traces. Mais, au bout d'un instant, je me tranquillisai. Il n'y avait point là de gazelle. Rien ne ressemblait moins à ce gracieux quadrupède que le professeur à ailes de pigeon dont la queue, ficelée d'un ruban noir, sautait d'une épaule à l'autre avec une rapidité convulsive lorsqu'il était ému. Son habit gris à longues basques, ses culottes de nankin et ses bottes molles le faisaient plutôt ressembler à un oiseau de nuit.

Je le vis bientôt s'agiter au-dessus de moi; il avait quitté le sentier à pic, il lui restait assez de raison pour ne pas songer à descendre; il remontait en gesticulant vers la roche Sanadoire, et, bien que le talus fût rapide, il n'était pas dangereux.

Je pris Bibi par la bride et l'aidai à virer de bord, ce qui n'était pas facile. Puis je remontai avec lui le sentier pour regagner la route; je comptais y retrouver maître Jean, qui avait pris cette direction.

Je ne l'y trouvai pas, et, laissant le fidèle Bibi sur sa bonne foi, je redescendis à pied, en droite ligne, jusqu'à la roche Sanadoire. La lune éclairait vivement. J'y voyais comme en plein jour. Je ne fus donc pas longtemps sans découvrir maître Jean assis sur un débris, les jambes pendantes et reprenant haleine.

— Ah! ah! c'est toi, petit malheureux! me dit-il. Qu'as-tu fait de mon pauvre cheval?

— Il est là, maître, il vous attend, répondis-je.

— Quoi! tu l'as sauvé? Fort bien, mon garçon! Mais comment as-tu fait pour te sauver toi-même? Quelle effroyable chute, hein?

— Mais, monsieur le professeur, nous n'avons pas fait de chute!

— Pas de chute? L'idiot ne s'en est pas aperçu! Ce que c'est que le vin! le vin!... O vin! vin de Chanturgue, vin de Chante-orgue... beau petit vin musical! J'en boirais bien encore un verre! Apporte, petit! Viens çà, doux sacristain! Frère, à ta santé! A la santé des titans! A la santé du diable!

J'étais un bon croyant. Les paroles du maître me firent frémir.

— Ne dites pas cela, maître, m'écriai-je. Revenez à vous, voyez où vous êtes!

— Où je suis? reprit-il en promenant autour de lui ses yeux agrandis, d'où jaillissaient les éclairs du délire; où je suis? où dis-tu que je suis? Au fond du torrent? Je ne vois pas le moindre poisson!

— Vous êtes au pied de cette grande roche Sanadoire qui surplombe de tous les côtés. Il pleut des pierres ici, voyez, la terre en est couverte. N'y restons pas, maître. C'est un vilain endroit.

— Roche Sanadoire! reprit le maître en cherchant à soulever sur son front son chapeau qu'il avait sous le bras. Roche *Sonatoire*, oui, c'est là ton vrai nom, je te salue entre toutes les roches! Tu es le plus beau jeu d'orgues de la création. Tes tuyaux contournés doivent rendre des sons étranges, et la main d'un titan peut seule te faire chanter! Mais ne suis-je pas un titan, moi? Oui, j'en suis un, et, si un autre géant me dispute le droit de faire ici de la musique, qu'il se montre!... Ah! ah! oui-da! Ma cravache, petit? où est ma cravache?

— Quoi donc, maître? lui répondis-je épouvanté, qu'en voulez-vous faire? est-ce que vous voyez?...

— Oui, je vois, je le vois, le brigand! le monstre! ne le vois-tu pas aussi?

— Non, où donc?

— Eh parbleu! là-haut, assis sur la dernière pointe de la fameuse roche *Sonatoire*, comme tu dis!

Je ne disais rien et ne voyais rien qu'une grosse pierre jaunâtre rongée par une mousse desséchée

Mais l'hallucination est contagieuse et celle du professeur me gagna d'autant mieux que j'avais peur de voir ce qu'il voyait.

— Oui, oui, lui dis-je, au bout d'un instant d'angoisse inexprimable, je le vois, il ne bouge pas, il dort! Allons-nous-en! Attendez! Non, non, ne bougeons pas et taisons-nous, je le vois à présent qui remue!

— Mais je veux qu'il me voie! je veux surtout qu'il m'entende! s'écria le professeur en se levant avec enthousiasme. Il a beau être là, perché sur son orgue, je prétends lui enseigner la musique, à ce barbare! — Oui, attends, brute! Je vais te régaler d'un *Introït* de ma façon. — A moi, petit! où es-tu? Vite au soufflet! Dépêche!

— Le soufflet? Quel soufflet? Je ne vois pas...

— Tu ne vois rien! là, là, te dis-je!

Et il me montrait une grosse tige d'arbrisseau qui sortait de la roche un peu au-dessous des tuyaux, c'est-à-dire des prismes du basalte. On sait que ces colonnettes de pierre sont souvent fendues et comme craquelées de distance en distance, et qu'elles se détachent avec une grande facilité si elles reposent sur une base friable qui vienne à leur manquer.

Les flancs de la roche Sanadoire étaient revêtus de gazon et de plantes qu'il n'était pas prudent d'ébranler. Mais ce danger réel ne me préoccupait nullement, j'étais tout entier au péril imaginaire d'éveiller et d'irriter le titan. Je refusai net d'obéir. Le maître s'emporta, et, me prenant au collet avec une force vraiment surhumaine, il me plaça devant une pierre naturellement taillée en tablette qu'il lui plaisait d'appeler le clavier de l'orgue.

— Joue mon *Introït*, me cria-t-il aux oreilles, joue-le, tu le sais! Moi, je vais souffler, puisque tu n'en as pas le courage!

Et il s'élança, gravit la base herbue de la roche et se hissa jusqu'à l'arbrisseau qu'il se mit à balancer de haut en bas comme si c'eût été le manche d'un soufflet, en me criant :

— Allons, commence, et ne nous trompons pas! *Allegro*, mille tonnerres! *allegro risoluto!*
— Et toi, orgue, chante! chante, *orgue!* chante *orgue!*...

Jusque-là, pensant, par moments, qu'il avait le vin gai et se moquait de moi, j'avais eu quelque espoir de l'emmener. Mais, le voyant souffler son orgue imaginaire avec une ardente conviction, je perdis tout à fait l'esprit, j'entrai dans son rêve que le vin de Chanturgue largement fêté rendait peut-être essentiellement musical. La peur fit place à je ne sais quelle imprudente curiosité comme on l'a dans les songes, j'étendis mes mains sur le prétendu clavier et je remuai les doigts.

Mais alors quelque chose de vraiment extraordinaire se passa en moi. Je vis mes mains grossir, grandir et prendre des proportions colossales. Cette transformation rapide ne se fit pas sans me causer une souffrance telle que je ne l'oublierai de ma vie. Et, à mesure que mes mains devenaient celles d'un titan, le chant de l'orgue que je croyais entendre acquérait une puissance effroyable. Maître Jean croyait l'entendre aussi, car il me criait :

— Ce n'est pas l'*Introït!* Qu'est-ce que c'est ? Je ne sais pas ce que c'est, mais ce doit être de moi, c'est sublime!

— Ce n'est pas de vous, lui répondis-je, car nos voix devenues titanesques couvraient les tonnerres de l'instrument fantastisque; non, ce n'est pas de vous, c'est de moi.

Et je continuais à développer le motif étrange, sublime ou stupide, qui surgissait dans mon cerveau. Maître Jean soufflait toujours avec fureur et je jouais toujours avec transport; l'orgue rugissait, le titan ne bougeait pas ; j'étais ivre d'orgueil et de joie, je me croyais à l'orgue de la cathédrale de Clermont, charmant une foule enthousiaste, lorsqu'un bruit sec et strident comme celui d'une vitre brisée m'arrêta net. Un fracas épouvantable et qui n'avait plus rien de musical, se produisit au-dessus de moi, il me sembla que la roche Sanadoire oscillait sur sa base. Le clavier reculait et le sol se dérobait sous mes pieds. Je tombai à la renverse et je roulai au milieu d'une pluie de pierres. Les basaltes s'écroulaient, maître Jean, lancé avec l'arbuste qu'il avait déraciné, disparaissait sous les débris : nous étions foudroyés.

Ne me demandez pas ce que je pensai et ce

que je fis pendant les deux ou trois heures qui suivirent: j'étais fort blessé à la tête et mon sang m'aveuglait. Il me semblait avoir les jambes écrasées et les reins brisés. Pourtant, je n'avais rien de grave, puisque, après m'être traîné sur les mains et les genoux, je me trouvai insensiblement debout et marchant devant moi. Je n'avais qu'une idée dont j'aie gardé souvenir, chercher maître Jean; mais je ne pouvais l'appeler, et, s'il m'eût répondu, je n'eusse pu l'entendre. J'étais sourd et muet dans ce moment-là.

Ce fut lui qui me retrouva et m'emmena. Je ne recouvrai mes esprits qu'auprès de ce petit lac Servières où nous nous étions arrêtés trois jours auparavant. J'étais étendu sur le sable du rivage. Maître Jean lavait mes blessures et les siennes, car il était fort maltraité aussi. Bibi broutait aussi philosophiquement que de coutume, sans s'éloigner de nous.

Le froid avait dissipé les dernières influences du fatal vin de Chanturgue.

— Eh bien, mon pauvre petit, me dit le professeur en étanchant mon front avec son mouchoir trempé dans l'eau glacée du lac, commences-tu à te ravoir? peux-tu parler à présent?

— Je me sens bien, répondis-je. Et vous, maître, vous n'étiez donc pas mort?

— Apparemment; j'ai du mal aussi, mais ce ne sera rien. Nous l'avons échappé belle!

En essayant de rassembler mes souvenirs confus, je me mis à chanter.

— Que diable chantes-tu là? dit maître Jean surpris. Tu as une singulière manière d'être malade, toi! Tout à l'heure, tu ne pouvais ni parler ni entendre, et à présent monsieur siffle comme un merle! Qu'est-ce que c'est que cette musique-là?

— Je ne sais pas, maître.

— Si fait; c'est une chose que tu sais, puisque tu la chantais quand la roche s'est ruée sur nous.

— Je chantais dans ce moment-là? Mais non, je jouais l'orgue, le grand orgue du titan!

— Allons, bon! te voilà fou, à présent? As-tu pu prendre au sérieux la plaisanterie que je t'ai faite?

La mémoire me revenait très-nette.

— C'est vous qui ne vous souvenez pas, lui dis-je ; vous ne plaisantiez pas du tout. Vous souffliez l'orgue comme un beau diable !

Maître Jean avait été si réellement ivre, qu'il ne se rappelait et ne se rappela jamais rien de l'aventure. Il n'avait été dégrisé que par l'écroulement d'un pan de la roche Sanadoire, le danger que nous avions couru et les blessures que nous avions reçues. Il n'avait conscience que du motif, inconnu à lui, que j'avais chanté et de la manière étonnante dont ce motif avait été redit cinq fois par les échos merveilleux mais bien connus de la roche Sanadoire. Il voulut se persuader que c'était la vibration de ma voix qui avait provoqué l'écroulement ; à quoi je lui répondis que c'était la rage obstinée avec laquelle il avait secoué et déraciné l'arbuste qu'il avait pris pour un manche de soufflet. Il soutint que j'avais rêvé, mais il ne put jamais expliquer comment, au lieu de chevaucher tranquillement sur la route, nous étions descendus à mi-côte du ravin pour nous amuser à *folâtrer* autour de la roche Sanadoire.

Quand nous eûmes bandé nos plaies et bu assez

d'eau pour bien enterrer le vin de Chanturgue, nous reprîmes notre route; mais nous étions si las et si affaiblis, que nous dûmes nous arrêter à la petite auberge au bout du désert. Le lendemain, nous étions si courbatus, qu'il nous fallut garder le lit. Le soir, nous vîmes arriver le bon curé de Chanturgue fort effrayé; on avait trouvé le chapeau de maître Jean et des traces de sang sur les débris fraîchement tombés de la roche Sanadoire. A ma grande satisfaction, le torrent avait emporté la cravache.

Le digne homme nous soigna fort bien. Il voulait nous ramener chez lui, mais l'organiste ne pouvait manquer à la grand'messe du dimanche et nous revînmes à Clermont le jour suivant.

Il avait la tête encore affaiblie ou troublée quand il se retrouva devant un orgue plus inoffensif que celui de la Sanadoire. La mémoire lui manqua deux ou trois fois et il dut improviser, ce qu'il faisait de son propre aveu très-médiocrement, bien qu'il se piquât de composer des chefs-d'œuvre à tête reposée.

A l'élévation, il se sentit pris de faiblesse et

me fit signe de m'asseoir à sa place. Je n'avais jamais joué que devant lui et je n'avais aucune idée de ce que je pourrais devenir en musique. Maître Jean n'avait jamais terminé une leçon sans décréter que j'étais un âne. Un moment je fus presque aussi ému que je l'avais été devant l'orgue du titan. Mais l'enfance a ses accès de confiance spontanée; je pris courage, je jouai le motif qui avait frappé le maître au moment de la castastrophe et qui, depuis ce moment-là, n'était pas sorti de ma tête.

Ce fut un succès qui décida de toute ma vie, vous allez voir comment.

Après la messe, M. le grand vicaire, qui était un mélomane très-érudit en musique sacrée, fit mander maître Jean dans la salle du chapitre.

— Vous avez du talent, lui dit-il, mais il ne faut point manquer de discernement. Je vous ai déjà blâmé d'improviser ou de composer des motifs qui ont du mérite, mais que vous placez hors de saison, tendres ou sautillants quand ils doivent être sévères, menaçants et comme irrités quand ils doivent être humbles et suppliants.

Ainsi, aujourd'hui, à l'élévation, vous nous avez fait entendre un véritable chant de guerre. C'était fort beau, je dois l'avouer, mais c'était un sabbat et non un *Adoremus*.

J'étais derrière maître Jean pendant que le grand vicaire lui parlait, et le cœur me battait bien fort. L'organiste s'excusa naturellement en disant qu'il s'était trouvé indisposé, et qu'un enfant de chœur, son élève, avait tenu l'orgue à l'élévation.

— Est-ce vous, mon petit ami? dit le vicaire en voyant ma figure émue.

— C'est lui, répondit maître Jean, c'est ce petit âne!

— Ce petit âne a fort bien joué, reprit le grand vicaire en riant. Mais pourriez-vous me dire, mon enfant, quel est ce motif qui m'a frappé? J'ai bien vu que c'était quelque chose de remarquable, mais je ne saurais dire où cela existe.

— Cela n'existe que dans ma tête, répondis-je avec assurance. Cela m'est venu... dans la montagne.

— T'en est-il venu d'autres?

— Non, c'est la première fois que quelque chose m'est venu.

— Pourtant...

— Ne faites pas attention, reprit l'organiste, il ne sait ce qu'il dit, c'est une réminiscence!

— C'est possible, mais de qui?

— De moi probablement; on jette tant d'idées au hasard quand on compose! le premier venu ramasse les bribes!

— Vous auriez dû ne pas laisser perdre cette bribe-là, reprit le grand vicaire avec malice; elle vaut une grosse pièce.

Il se retourna vers moi en ajoutant :

— Viens chez moi demain après ma messe basse, je veux t'examiner.

Je fus exact. Il avait eu le temps de faire ses recherches. Nulle part il n'avait trouvé mon motif. Il avait chez lui un beau piano et me fit improviser. D'abord je fus troublé et il ne me vint que du gâchis; puis, peu à peu, mes idées s'éclaircirent et le prélat fut si content de moi, qu'il manda maître Jean et me recommanda à lui comme son protégé tout spécial. C'était lui dire que mes leçons lui seraient bien payées. Le professeur me retira donc de la cuisine et de l'écurie, me traita avec plus de douceur et, en peu d'années, m'enseigna tout ce qu'il savait. Mon protecteur vit bien alors que je pouvais aller plus loin et que le petit âne était plus laborieux et mieux doué que son maître. Il m'envoya à Paris, où je fus, très-jeune encore, en état de donner des leçons et de jouer dans les concerts. Mais ce n'est pas l'histoire de ma vie entière que je vous ai promise; ce serait trop long, et vous savez maintenant ce que vous vouliez savoir: comment une grande frayeur, à la suite d'un accès d'ivresse, développa en moi une faculté refoulée par la rudesse et le dédain du maître qui eût dû la développer. Je n'en bénis pas moins son souvenir. Sans sa vanité et son ivrognerie, qui exposèrent ma raison et ma vie à la roche Sanadoire, ce qui couvait en moi n'en fût peut-être jamais sorti. Cette folle aventure qui m'a fait éclore, m'a pourtant laissé une susceptibilité nerveuse qui est une souffrance. Parfois, en improvisant, j'imagine entendre l'écroulement du roc sur ma tête et sentir mes mains grossir comme celles du Moïse de Michel-Ange. Cela ne dure qu'un instant, mais cela ne s'est point guéri entièrement, et vous voyez que l'âge ne m'en a pas débarrassé.

*
* *

— Mais, dit le docteur au maestro quand il eut terminé son récit, à quoi attribuez-vous cette dilatation fictive de vos mains, cette souffrance qui vous saisit à la roche Sanadoire avant son trop réel écroulement?

— Je ne peux l'attribuer, répondit le maestro, qu'à des orties ou à des ronces qui poussaient sur le prétendu clavier. Vous voyez, mes amis, que tout est symbolique dans mon histoire. La révélation de mon avenir fut complète : des illusions, du bruit... et des épines!

CE QUE DISENT LES FLEURS

Quand j'étais enfant, ma chère Aurore, j'étais très-tourmentée de ne pouvoir saisir ce que les fleurs se disaient entre elles. Mon professeur de botanique m'assurait qu'elles ne disaient rien ; soit qu'il fût sourd, soit qu'il ne voulût pas me dire la vérité, il jurait qu'elles ne disaient rien du tout.

Je savais bien le contraire. Je les entendais babiller confusément, surtout à la rosée du soir ; mais elles parlaient trop bas pour que je pusse distinguer leurs paroles ; et puis elles étaient méfiantes, et, quand je passais près des plates-bandes du jardin ou sur le sentier du pré, elles s'avertissaient par une espèce de *psitt*, qui courait de l'une à l'autre. C'était comme si l'on eût dit sur toute la ligne : « Attention, taisons-nous ! voilà l'enfant curieux qui nous écoute. »

Je m'y obstinai. Je m'exerçai à marcher si doucement, sans frôler le plus petit brin d'herbe, qu'elles ne m'entendirent plus et que je pus m'avancer tout près, tout près ; alors, en me baissant sous l'ombre des arbres pour qu'elles ne vissent pas la mienne, je saisis enfin des paroles articulées.

Il fallait beaucoup d'attention ; c'était de si petites voix, si douces, si fines, que la moindre brise les emportait et que le bourdonnement des sphinx et des noctuelles les couvrait absolument.

Je ne sais pas quelle langue elles parlaient. Ce n'était ni le français, ni le latin qu'on m'apprenait alors ; mais il se trouva que je comprenais fort bien. Il me sembla même que je comprenais mieux ce langage que tout ce que j'avais entendu jusqu'alors.

Un soir, je réussis à me coucher sur le sable et à ne plus rien perdre de ce qui se disait auprès de moi dans un coin bien abrité du parterre. Comme tout le monde parlait dans tout le jardin, il ne fallait pas s'amuser à vouloir surprendre plus d'un secret en une fois. Je me tins donc là bien tranquille, et voici ce que j'entendis dans les coquelicots :

— Mesdames et messieurs, il est temps d'en finir avec cette platitude. Toutes les plantes sont également nobles; notre famille ne le cède à aucune autre, et, accepte qui voudra la royauté de la rose, je déclare que j'en ai assez et que je ne reconnais à personne le droit de se dire mieux né et plus titré que moi.

A quoi les marguerites répondirent toutes ensemble que l'orateur coquelicot avait raison. Une d'elles, qui était plus grande que les autres et fort belle, demanda la parole et dit :

— Je n'ai jamais compris les grands airs que prend la famille des roses. En quoi, je vous le demande, une rose est-elle plus jolie et mieux faite que moi? La nature et l'art se sont entendus pour multiplier le nombre de nos pétales et l'éclat de nos couleurs. Nous sommes même beaucoup plus riches, car la plus belle rose n'a guère plus de deux cents pétales et nous en avons jusqu'à cinq cents. Quant aux couleurs, nous avons le violet et presque le bleu pur que la rose ne trouvera jamais.

— Moi, dit un grand pied d'alouette vivace, moi le prince Delphinium, j'ai l'azur des cieux dans ma corolle, et mes nombreux parents ont toutes les nuances du rose. La prétendue reine des fleurs a donc beaucoup à nous envier, et, quant à son parfum si vanté...

— Ne parlez pas de cela, reprit vivement le coquelicot. Les hâbleries du parfum me portent sur les nerfs. Qu'est-ce, je vous prie, que le parfum? Une convention établie par les jardiniers et les papillons. Moi, je trouve que la rose sent mauvais et que c'est moi qui embaume.

— Nous ne sentons rien, dit la marguerite, et je crois que par là nous faisons preuve de tenue et de bon goût. Les odeurs sont des indiscrétions ou des vanteries. Une plante qui se respecte ne s'annonce point par des émanations. Sa beauté doit lui suffire.

— Je ne suis pas de votre avis, s'écria un

gros pavot qui sentait très-fort. Les odeurs annoncent l'esprit et la santé.

Les rires couvrirent la voix du gros pavot. Les œillets s'en tenaient les côtes et les résédas se pâmaient. Mais, au lieu de se fâcher, il se remit à critiquer la forme et la couleur de la rose qui ne pouvait répondre; tous les rosiers venaient d'être taillés et les pousses remontantes n'avaient encore que de petits boutons bien serrés dans leurs langes verts. Une pensée fort richement vêtue critiqua amèrement les fleurs doubles, et, comme celles-ci étaient en majorité dans le parterre, on commença à se fâcher. Mais il y avait tant de jalousie contre la rose, qu'on se réconcilia pour la railler et la dénigrer. La pensée eut même du succès quand elle compara la rose à un gros chou pommé, donnant la préférence à celui-ci à cause de sa taille et de son utilité. Les sottises que j'entendais m'exaspérèrent et, tout à coup, parlant leur langue :

— Taisez-vous, m'écriai-je en donnant un coup de pied à ces sottes fleurs. Vous ne dites rien qui vaille. Moi qui m'imaginais entendre ici des merveilles de poésie, quelle déception vous me causez avec vos rivalités, vos vanités et votre basse envie !

Il se fit un profond silence et je sortis du parterre.

— Voyons donc, me disais-je, si les plantes rustiques ont plus de bon sens que ces péronnelles cultivées, qui, en recevant de nous une beauté d'emprunt, semblent avoir pris nos préjugés et nos travers.

Je me glissai dans l'ombre de la haie touffue, me dirigeant vers la prairie ; je voulais savoir si les spirées qu'on appelle reine des prés avaient aussi de l'orgueil et de l'envie. Mais je m'arrêtai auprès d'un grand églantier dont toutes les fleurs parlaient ensemble.

— Tâchons de savoir, pensai-je, si la rose sauvage dénigre la rose à cent feuilles et méprise la rose pompon.

Il faut vous dire que, dans mon enfance, on n'avait pas créé toutes ces variétés de roses que les jardiniers savants ont réussi à produire depuis, par la greffe et les semis. La nature n'en était pas plus pauvre pour cela. Nos buissons étaient remplis de variétés nombreuses de roses à l'état rustique : la *canina*, ainsi nommée parce qu'on la croyait un remède contre la morsure des chiens enragés ; la rose canelle, la musquée, la *rubiginosa* ou rouillée, qui est une des plus jolies ; la rose pimprenelle, la *tomentosa* ou cotonneuse, la rose alpine, etc., etc. Puis, dans les jardins, nous avions des espèces charmantes à peu près perdues aujourd'hui, une panachée rouge et blanc qui n'était pas très-fournie en pétales, mais qui montrait sa couronne d'étamines d'un beau jaune vif et qui avait le parfum de la bergamotte. Elle était rustique au possible, ne craignant ni les étés secs ni les hivers rudes ; la rose pompon, grand et petit modèle, qui est devenue excessivement rare ; la petite rose de mai, la plus précoce et peut-être la plus parfumée de toutes, qu'on demanderait en vain aujourd'hui dans le commerce, la rose de Damas ou de Provins que nous savions utiliser et qu'on est obligé, à présent, de demander au midi de la France ; enfin, la rose à cent feuilles ou, pour mieux dire, à cent pétales, dont

11.

la patrie est inconnue et que l'on attribue généralement à la culture.

C'est cette rose *centifolia* qui était alors, pour moi comme pour tout le monde, l'idéal de la rose, et je n'étais pas persuadée, comme l'était mon précepteur, qu'elle fût un monstre dû à la science des jardiniers. Je lisais dans mes poëtes que la rose était de toute antiquité le type de la beauté et du parfum. A coup sûr, ils ne connaissaient pas nos roses thé qui ne sentent plus la rose, et toutes ces variétés charmantes qui, de nos jours, ont diversifié à l'infini, mais en l'altérant essentiellement, le vrai type de la rose. On m'enseignait alors la botanique. Je n'y mordais qu'à ma façon. J'avais l'odorat fin et je voulais que le parfum fût un des caractères essentiels de la plante; mon professeur, qui prenait du tabac, ne m'accordait pas ce critérium de classification. Il ne sentait plus que le tabac, et, quand il flairait une autre plante, il lui communiquait des propriétés sternutatoires tout à fait avilissantes. J'écoutai donc de toutes mes oreilles ce que disaient les églantiers au-dessus de ma tête, car, dès les premiers mots que je pus saisir, je vis qu'ils parlaient des origines de la rose.

— Reste ici, doux zéphyr, disaient-ils, nous sommes fleuris. Les belles roses du parterre dorment encore dans leurs boutons verts. Vois, nous sommes fraîches et riantes, et, si tu nous berces un peu, nous allons répandre des parfums aussi suaves que ceux de notre illustre reine.

J'entendis alors le zéphyr qui disait :

— Taisez-vous, vous n'êtes que des enfants du Nord. Je veux bien causer un instant avec vous, mais n'ayez pas l'orgueil de vous égaler à la reine des fleurs.

— Cher zéphyr, nous la respectons et nous l'adorons, répondirent les fleurs de l'églantier ; nous savons comme les autres fleurs du jardin en sont jalouses. Elles prétendent qu'elle n'est rien de plus que nous, qu'elle est fille de l'églantier et ne doit sa beauté qu'à la greffe et à la culture. Nous sommes des ignorantes et ne savons pas répondre. Dis-nous, toi qui es plus ancien que nous sur la terre, si tu connais la véritable origine de la rose.

— Je vous la dirai, car c'est ma propre histoire ; écoutez-la, et ne l'oubliez jamais.

Et le zéphyr raconta ceci :

— Au temps où les êtres et les choses de l'univers parlaient encore la langue des dieux, j'étais le fils aîné du roi des orages. Mes ailes noires touchaient les deux extrémités des plus vastes horizons, ma chevelure immense s'emmêlait aux nuages. Mon aspect était épouvantable et sublime, j'avais le pouvoir de rassembler les nuées du couchant et de les étendre comme un voile impénétrable entre la terre et le soleil.

» Longtemps je régnai avec mon père et mes frères sur la planète inféconde. Notre mission était de détruire et de bouleverser. Mes frères et moi, déchaînés sur tous les points de ce misérable petit monde, nous semblions ne devoir jamais permettre à la vie de paraître sur cette scorie informe que nous appelons aujourd'hui la terre des vivants. J'étais le plus robuste et le plus furieux de tous. Quand le roi mon père était las, il s'étendait sur le sommet des nuées et se reposait sur moi du soin de continuer l'œuvre de l'implacable destruction. Mais, au sein de cette terre, inerte encore, s'agitait un esprit, une divinité puissante, l'esprit de la vie, qui voulait être, et qui, brisant les montagnes, comblant les mers, entassant les poussières, se mit un jour à surgir de toutes parts. Nos efforts redoublèrent et ne servirent qu'à hâter l'éclosion d'une foule d'êtres qui nous échappaient par leur petitesse ou nous résistaient par leur faiblesse même ; d'humbles plantes flexibles, de minces coquillages flottants prenaient place sur la croûte encore tiède de l'écorce terrestre, dans les limons, dans les eaux, dans les détritus de tout genre. Nous roulions en vain les flots furieux sur ces créations ébauchées. La vie naissait et apparaissait sans cesse sous des formes nouvelles, comme si le génie patient et inventif de la création eût résolu d'adapter les organes et les besoins de tous les êtres au milieu tourmenté que nous leur faisions.

» Nous commencions à nous lasser de cette résistance passive en apparence, irréductible en réalité. Nous détruisions des races entières d'êtres vivants, d'autres apparaissaient organisés pour nous subir sans mourir. Nous étions épuisés de rage. Nous nous retirâmes sur le sommet des nuées pour délibérer et demander à notre père des forces nouvelles.

» Pendant qu'il nous donnait de nouveaux ordres, la terre un instant délivrée de nos fureurs se couvrit de plantes innombrables où des myriades d'animaux ingénieusement conformés dans leurs différents types, cherchèrent leur abri et leur nourriture dans d'immenses forêts ou sur les flancs de puissantes montagnes, ainsi que dans les eaux épurées de lacs immenses.

» — Allez, nous dit mon père, le roi des orages, voici la terre qui s'est parée comme une fiancée pour épouser le soleil. Mettez-vous entre eux. Entassez les nuées énormes, mugissez, et que votre souffle renverse les forêts, aplanisse les monts et déchaîne les mers. Allez, et ne revenez pas, tant qu'il y aura encore un être vivant, une plante debout sur cette arène maudite où la vie prétend s'établir en dépit de nous.

» Nous nous dispersâmes comme une semence de mort sur les deux hémisphères, et moi, fendant comme un aigle le rideau des nuages, je m'abattis sur les antiques contrées de l'extrême Orient, là où de profondes dépressions du haut plateau asiatique s'abaissant vers la mer sous un ciel de feu, font éclore, au sein d'une humidité énergique, les plantes gigantesques et les animaux redoutables. J'étais reposé des fatigues subies, je me sentais doué d'une force incommensurable, j'étais fier d'apporter le désordre et la mort à tous ces faibles qui semblaient me braver. D'un coup d'aile, je rasais toute une contrée ; d'un souffle, j'abattais toute une forêt, et je sentais en moi une joie aveugle, enivrée, la joie d'être plus fort que toutes les forces de la nature.

» Tout à coup un parfum passa en moi comme par une aspiration inconnue à mes organes, et, surpris d'une sensation si nouvelle, je m'arrêtai pour m'en rendre compte. Je vis alors pour la première fois un être qui était apparu sur la terre en mon absence, un être frais, délicat, imperceptible, la rose !

» Je fondis sur elle pour l'écraser. Elle plia, se coucha sur l'herbe et me dit :

» — Prends pitié! je suis si belle et si douce! respire-moi, tu m'épargneras.

» Je la respirai et une ivresse soudaine abattit ma fureur. Je me couchai sur l'herbe et je m'endormis auprès d'elle.

» Quand je m'éveillai, la rose s'était relevée et se balançait mollement, bercée par mon haleine apaisée.

» — Sois mon ami, me dit-elle. Ne me quitte plus. Quand tes ailes terribles sont pliées, je t'aime et te trouve beau. Sans doute tu es le roi de la forêt. Ton souffle adouci est un chant délicieux. Reste avec moi, ou prends-moi avec toi, afin que j'aille voir de plus près le soleil et les nuages.

» Je mis la rose dans mon sein et je m'envolai avec elle. Mais bientôt il me sembla qu'elle se flétrissait; alanguie, elle ne pouvait plus me parler ; son parfum, cependant, continuait à me charmer, et moi, craignant de l'anéantir, je volais doucement, je caressais la cime des arbres, j'évitais le moindre choc. Je remontai ainsi avec précaution jusqu'au palais de nuées sombres où m'attendait mon père.

» — Que veux-tu? me dit-il, et pourquoi as-tu laissé debout cette forêt que je vois encore sur les rivages de l'Inde? Retourne l'exterminer au plus vite.

» — Oui, répondis-je en lui montrant la rose, mais laisse-moi te confier ce trésor que je veux sauver.

» — Sauver! s'écria-t-il en rugissant de colère; tu veux sauver quelque chose?

» Et, d'un souffle, il arracha de ma main la rose, qui disparut dans l'espace en semant ses pétales flétries.

» Je m'élançai pour ressaisir au moins un vestige; mais le roi, irrité et implacable, me saisit à mon tour, me coucha, la poitrine sur son genou, et, avec violence, m'arracha mes ailes, dont les plumes allèrent dans l'espace rejoindre les feuilles dispersées de la rose.

» — Misérable enfant, me dit-il, tu as connu la pitié, tu n'es plus mon fils. Va-t'en rejoindre sur la terre le funeste esprit de la vie qui me brave, nous verrons s'il fera de toi quelque chose, à présent que, grâce à moi, tu n'es plus rien.

« Et, me lançant dans les abîmes du vide, il m'oublia à jamais.

» Je roulai jusqu'à la clairière et me trouvai anéanti à côté de la rose, plus riante et plus embaumée que jamais.

» — Quel est ce prodige? Je te croyais morte et je te pleurais. As-tu le don de renaître après la mort?

» — Oui, répondit-elle, comme toutes les créatures que l'esprit de vie féconde. Vois ces boutons qui m'environnent. Ce soir, j'aurai perdu mon éclat et je travaillerai à mon renouvellement, tandis que mes sœurs te charmeront de leur beauté et te verseront les parfums de leur journée de fête. Reste avec nous; n'es-tu pas notre compagnon et notre ami ?

» J'étais si humilié de ma déchéance, que j'arrosais de mes larmes cette terre à laquelle je me sentais à jamais rivé. L'esprit de la vie sentit mes pleurs et s'en émut. Il m'apparut sous la forme d'un ange radieux et me dit :

» — Tu as connu la pitié, tu as eu pitié de la rose, je veux avoir pitié de toi. Ton père est puissant, mais je le suis plus que lui, car il peut détruire et, moi, je peux créer.

» En parlant ainsi, l'être brillant me toucha et mon corps devint celui d'un bel enfant avec un visage semblable au coloris de la rose. Des ailes de papillon sortirent de mes épaules et je me mis à voltiger avec délices.

» — Reste avec les fleurs, sous le frais abri des forêts, me dit la fée. A présent, ces dômes de verdure te cacheront et te protégeront. Plus tard, quand j'aurai vaincu la rage des éléments, tu pourras parcourir la terre, où tu seras béni par les hommes et chanté par les poëtes. — Quant à toi, rose charmante qui, la première as su désarmer la fureur par la beauté, sois le signe de la future réconciliation des forces aujourd'hui ennemies de la nature. Tu seras aussi l'enseignement des races futures, car ces races civilisées voudront faire servir toutes choses à leurs besoins.

Mes dons les plus précieux, la grâce, la douceur et la beauté risqueront de leur sembler d'une moindre valeur que la richesse et la force. Apprends-leur, aimable rose, que la plus grande et la plus légitime puissance est celle qui charme et réconcilie. Je te donne ici un titre que les siècles futurs n'oseront pas t'ôter. Je te proclame reine des fleurs ; les royautés que j'institue sont divines et n'ont qu'un moyen d'action, le charme.

» Depuis ce jour, j'ai vécu en paix avec le ciel, chéri des hommes, des animaux et des plantes ; ma libre et divine origine me laisse le choix de résider où il me plaît, mais je suis trop l'ami de la terre et le serviteur de la vie à laquelle mon souffle bienfaisant contribue, pour quitter cette terre chérie où mon premier et éternel amour me retient. Oui, mes chères petites, je suis le fidèle amant de la rose et par conséquent votre frère et votre ami. »

— En ce cas, s'écrièrent toutes les petites roses de l'églantier, donne-nous le bal et réjouissons-nous en chantant les louanges de madame la reine, la rose à cent feuilles de l'Orient.

Le zéphyr agita ses jolies ailes et ce fut au-dessus de ma tête une danse effrénée, accompagnée de frôlements de branches et de claquement de feuilles en guise de timbales et de castagnettes : il arriva bien à quelques petites folles de déchirer leur robe de bal et de semer leurs pétales dans mes cheveux ; mais elles n'y firent pas attention et dansèrent de plus belle en chantant :

— Vive la belle rose dont la douceur a vaincu le fils des orages ! vive le bon zéphyr qui est resté l'ami des fleurs !

Quand je racontai à mon précepteur ce que j'avais entendu, il déclara que j'étais malade et qu'il fallait m'administrer un purgatif. Mais ma grand'mère m'en préserva en lui disant :

— Je vous plains si vous n'avez jamais entendu ce que disent les roses. Quant à moi, je regrette le temps où je l'entendais. C'est une faculté de l'enfance. Prenez garde de confondre les facultés avec les maladies !

LE MARTEAU ROUGE

J'ai trahi pour vous, mes enfants, le secret du vent et des roses. Je vais vous raconter maintenant l'histoire d'un caillou. Mais je vous tromperais si je vous disais que les cailloux parlent comme les fleurs. S'ils disent quelque chose, lorsqu'on les frappe, nous ne pouvons l'entendre que comme un bruit sans paroles. Tout dans la nature a une voix, mais nous ne pouvons attribuer la parole qu'aux êtres. Une fleur est un être pourvu d'organes et qui participe largement à la vie universelle. Les pierres ne vivent pas, elles ne sont que les ossements d'un grand corps, qui est la planète, et, ce grand corps, on peut le considérer comme un être ; mais les fragments de son ossature ne sont pas plus des êtres par eux-mêmes qu'une phalange de nos doigts ou une portion de notre crâne n'est un être humain.

C'était pourtant un beau caillou, et ne croyez pas que vous eussiez pu le mettre dans votre poche, car il mesurait peut-être un mètre sur toutes ses faces. Détaché d'une roche de cornaline, il était cornaline lui-même, non pas de la couleur de ces vulgaires silex sang de bœuf qui jonchent nos chemins, mais d'un rose chair veiné de parties ambrées, et transparent comme un cristal. Vitrification splendide, produite par l'action des feux plutoniens sur l'écorce siliceuse de la terre, il avait été séparé de sa roche par une dislocation, et il brillait au soleil, au milieu des herbes, tranquille et silencieux depuis des siècles dont je ne sais pas le compte. La fée Hydrocharis vint enfin un jour à le remarquer. La fée Hydrocharis (*beauté des eaux*) était amoureuse des ruisseaux clairs et tranquilles, parce qu'elle y faisait pousser ses plantes favorites, que je ne vous nommerai pas, vu que vous les connaissez maintenant et que vous les chérissez aussi.

La fée avait du dépit, car, après une fonte de neiges assez considérable sur les sommets de montagnes, le ruisseau avait ensablé de ses eaux troublées et grondeuses les tapis de fleurs et de verdure que la fée avait caressés et bénis la veille. Elle s'assit sur le gros caillou et, contemplant le désastre, elle se fit ce raisonnement :

— La fée des glaciers, ma cruelle ennemie, me chassera de cette région, comme elle m'a chassée déjà des régions qui sont au-dessus et qui, maintenant, ne sont plus que des amas de ruines. Ces roches entraînées par les glaces, ces moraines stériles où la fleur ne s'épanouit plus, où l'oiseau ne chante plus, où le froid et la mort règnent stupidement, menacent de s'étendre sur mes riants herbages et sur mes bosquets embaumés. Je ne puis résister, le néant veut triompher ici de la vie, le destin aveugle et sourd est contre moi. Si je connaissais, au moins, les projets de l'ennemi, j'essayerais de lutter. Mais ces secre s ne sont confiés qu'aux ondes fougueuses dont les mille voix confuses me sont inintelligibles. Dès qu'elles arrivent à mes lacs et à mes étangs, elles se taisent, et, sur mes pentes sinueuses, elles se laissent glisser sans bruit. Comment les décider à parler de ce qu'elles savent des hautes régions d'où elles descendent et où il m'est interdit de pénétrer?

La fée se leva, réfléchit encore, regarda autour d'elle et accorda enfin son attention au caillou qu'elle avait jusque-là méprisé comme une chose inerte et stérile. Il lui vint alors une idée, qui était de placer ce caillou sur le passage incliné du ruisseau. Elle ne prit pas la peine de pousser le bloc, elle souffla dessus, et le bloc se mit en travers de l'eau courante, debout sur le sable où il s'enfonça par son propre poids, de manière à y demeurer solidement fixé. Alors, la fée regarda et écouta.

Le ruisseau, évidemment irrité de rencontrer cet obstacle, le frappa d'abord brutalement pour le chasser de son chemin; puis il le contourna et se pressa sur ses flancs jusqu'à ce qu'il eût réussi à se creuser une rigole de chaque côté, et il se précipita dans ces rigoles en exhalant une sourde plainte.

— Tu ne dis encore rien qui vaille, pensa la fée, mais je vais t'emprisonner si bien que je te forcerai de me répondre.

Alors, elle donna une chiquenaude au bloc de cornaline qui se fendit en quatre. C'est si puissant un doigt de fée! L'eau, rencontrant quatre murailles au lieu d'une, s'y laissa choir, et, bondissant de tous côtés en ruisselets entrecoupés, il se mit à babiller comme un fou, jetant ses paroles si vite, que c'était un bredouillage insensé, impossible.

La fée cassa encore une fois le bloc et des quatre morceaux en fit huit qui, divisant encore le cours de l'eau, la forcèrent à se calmer et à murmurer discrètement. Alors, elle saisit son langage, et, comme les ruisseaux sont de nature indiscrète et babillarde, elle apprit que la reine des glaciers avait résolu d'envahir son domaine et de la chasser encore plus loin.

Hydrocharis prit alors toutes ses plantes chéries dans sa robe tissue de rayons de soleil, et s'éloigna, oubliant au milieu de l'eau les pauvres débris du gros caillou, qui restèrent là jusqu'à ce que les eaux obstinées les eussent emportés ou broyés.

Rien n'est philosophe et résigné comme un caillou. Celui dont j'essaye de vous dire l'histoire n'était plus représenté un peu dignement que par un des huit morceaux, lequel était encore gros comme votre tête, et, à peu près aussi rond, vu que les eaux qui avaient émietté les autres, l'avaient roulé longtemps. Soit qu'il eût eu plus de chance, soit qu'on eût eu des égards pour lui, il était arrivé beau, luisant et bien poli jusqu'à la porte d'une hutte de roseaux où vivaient d'étranges personnages.

C'était des hommes sauvages, vêtus de peaux de bêtes, portant de longues barbes et de longs cheveux, faute de ciseaux pour les couper, ou parce qu'ils se trouvaient mieux ainsi, et peut-être n'avaient-ils pas tort. Mais, s'ils n'avaient pas encore inventé les ciseaux, ce dont je ne suis pas sûr, ces hommes primitifs n'en étaient pas moins d'habiles couteliers. Celui qui habitait la hutte était même un armurier recommandable.

Il ne savait pas utiliser le fer, mais les cailloux

grossiers devenaient entre ses mains des outils de travail ingénieux ou des armes redoutables. C'est vous dire que ces gens appartenaient à la race de l'âge de pierre qui se confond dans la nuit des temps avec les premiers âges de l'occupation celtique. Un des enfants de l'armurier trouva sous ses pieds le beau caillou amené par le ruisseau, et, croyant que c'était un des nombreux éclats ou morceaux de rebut jetés çà et là autour de l'atelier de son père, il se mit à jouer avec et à le faire rouler. Mais le père, frappé de la vive couleur et de la transparence de cet échantillon, le lui ôta des mains et appela ses autres enfants et apprentis pour l'admirer. On ne connaissait dans le pays environnant aucune roche d'où ce fragment pût provenir. L'armurier recommanda à son monde de bien surveiller les cailloux que charriait le ruisseau; mais ils eurent beau chercher et attendre, ils n'en trouvèrent pas d'autre et celui-ci resta dans l'atelier comme un objet des plus rares et des plus précieux.

A quelques jours de là, un homme bleu descendit de la colline et somma l'armurier de lui livrer sa commande. Cet homme bleu, qui était blanc en dessous, avait la figure et le corps peints avec le suc d'une plante qui fournissait aux chefs et aux guerriers ce que les Indiens d'aujourd'hui appellent encore leur peinture de guerre. Il était donc de la tête aux pieds d'un beau bleu d'azur et la famille de l'armurier le contemplait avec admiration et respect.

Il avait commandé une hache de silex, la plus lourde et la plus tranchante qui eût été jamais fabriquée depuis l'âge du renne, et cette arme formidable lui fut livrée, moyennant le prix de deux peaux d'ours, selon qu'il avait été convenu. L'homme bleu ayant payé, allait se retirer, lorsque l'armurier lui montra son caillou de cornaline en lui proposant de le façonner pour lui en hache ou en casse-tête. L'homme bleu, émerveillé de la beauté de la matière, demanda un casse-tête qui serait en même temps un couteau propre à dépecer les animaux après les avoir assommés. On lui fabriqua donc avec ce caillou merveilleux un outil admirable auquel, à force de patience, on put même donner le poli jusqu'alors inconnu à une industrie encore privée de meules; et, pour porter au comble la satisfaction de l'homme bleu, un des fils de l'armurier, enfant très-adroit et très-artiste, dessina avec une pointe faite d'un éclat, la figure d'un daim sur un des côtés de la lame. Un autre, apprenti très-habile au montage, enchâssa l'arme dans un manche de bois fendu par le milieu et assujetti aux extrémités par des cordes de fibres végétales très-finement tressées et d'une solidité à toute épreuve.

L'homme bleu donna douze peaux de daim pour cette merveille et l'emporta, triomphant, dans sa mardelle immense, car il était un grand chef de clan, enrichi à la chasse et souvent victorieux à la guerre.

Vous savez ce qu'est une mardelle : vous avez vu ces grands trous béants au milieu de nos champs, saujourd'hui cultivés, jadis couverts d'étangs et de forêts. Plusieurs ont de l'eau au fond tandis qu'à un niveau plus élevé, on a trouvé des cendres, des os, des débris de poteries et des pierres disposées en foyer.

On peut croire que les peuples primitifs aimaient à demeurer sur l'eau, témoins les cités lacustres trouvées en si grand nombre et dont vous avez entendu beaucoup parler.

Moi, j'imagine que, dans les pays de plaine comme les nôtres, où l'eau est rare, on creusait le plus profondément possible, et, autant que possible, aussi dans le voisinage d'une source. On détournait au besoin le cours d'un faible ruisseau et on l'emmagasinait dans ces profonds réservoirs, puis l'on bâtissait sur pilotis une spacieuse demeure, qui s'élevait comme un îlot dans un entonnoir et dont les toits inaperçus ne s'élevaient pas au-dessus du niveau du sol, toutes conditions de sécurité contre le parcours des bêtes sauvages ou l'invasion des hordes ennemies.

Quoi qu'il en soit, l'homme bleu résidait dans une grande mardelle (on dit aussi margelle), entourée de beaucoup d'autres plus petites et moins profondes, où plusieurs familles s'étaient établies pour obéir à ses ordres en bénéficiant de sa protection. L'homme bleu fit le tour de toutes ces citernes habitées, franchit, pour entrer chez ses clients, les arbres jetés en guise de ponts, se chauffa à tous les foyers, causa amicalement avec tout le monde, montrant sa merveilleuse hache rose, et laissant volontiers croire qu'il l'avait reçue en présent de quelque divinité. Si on le crut, ou si l'on feignit de le croire, je l'ignore ; mais la hache rose fut regardée comme un talisman d'une invincible puissance, et, lorsque l'ennemi se présenta pour envahir la tribu, tous se portèrent au combat avec une confiance exaltée. La confiance fait la bravoure et la bravoure fait la force. L'ennemi fut écrasé, la hache rose du grand chef devint pourpre dans le sang des vaincus. Une gloire nouvelle couronna les anciennes gloires de l'homme bleu, et, dans sa terreur, l'ennemi lui donna le nom de *Marteau-Rouge*, que sa tribu et ses descendants portèrent après lui.

Ce marteau lui porta bonheur car il fut vainqueur dans toutes ses guerres comme dans toutes ses chasses, et mourut, plein de jours, sans avoir été victime d'aucun des hasards de sa vie belliqueuse. On l'enterra sous une énorme butte de terre et de sable suivant la coutume du temps, et, malgré le désir effréné qu'avaient ses héritiers de posséder le marteau rouge, on enterra le marteau rouge avec lui. Ainsi le voulait la loi religieuse conservatrice du respect dû aux morts.

Voilà donc notre caillou rejeté dans le néant des ténèbres après une courte période de gloire et d'activité. La tribu du Marteau-Rouge eut lieu de regretter la sépulture donnée au talisman, car les tribus ennemies, longtemps épouvantées par la vaillance du grand chef, revinrent en nombre et dévastèrent les pays de chasse, enlevèrent les troupeaux et ravagèrent même les habitations.

Ces malheurs décidèrent un des descendants de Marteau-Rouge Ier à violer la sépulture de son aïeul, à pénétrer la nuit dans son caveau et à enlever secrètement le talisman, qu'il cacha avec soin dans sa mardelle. Comme il ne pouvait avouer à personne cette profanation, il ne pouvait se servir de cette arme excellente et ranimer le courage de son clan, en la faisant briller au soleil des batailles. N'étant plus secouée par un bras énergique et vaillant, — le nouveau possesseur était plus superstitieux que brave,— elle perdit sa vertu, et la tribu, vaincue, dispersée, dut aller chercher en d'autres lieux des établissements nouveaux. Ses mardelles conquises furent occupées par le vainqueur, et des siècles s'écoulèrent sans que le fameux marteau enterré entre deux pierres fût exhumé. On l'oublia si bien, que, le jour où une vieille femme, en poursuivant un rat dans sa cuisine, le retrouva intact, personne ne put lui dire à quoi ce couteau de pierre avait pu servir. L'usage de ces outils s'était perdu. On avait appris à fondre et à façonner le bronze, et, comme ces peuples n'avaient pas d'histoire, ils ne se souvenaient pas des services que le silex leur avait rendus.

Toutefois, la vieille femme trouva le marteau joli et l'essaya pour râper les racines qu'elle mettait dans sa soupe. Elle le trouva commode, bien que le temps et l'humidité l'eussent privé de son beau manche à cordelettes. Il était encore coupant. Elle en fit son couteau de prédilection. Mais, après elle, des enfants voulurent s'en servir et l'ébréchèrent outrageusement.

Quand vint l'âge du fer, cet ustensile méprisé fut oublié sur le bord de la margelle tarie et à demi comblée. On construisait de nouvelles habitations à fleur de terre avec des cultures autour. On connaissait la bêche et la cognée, on parlait, on agissait, on pensait autrement que par le passé. Le glorieux marteau rouge redevint simple caillou et reprit son sommeil impassible dans l'herbe des prairies.

Bien des siècles se passèrent encore lorsqu'un paysan chasseur qui poursuivait un lièvre réfugié dans la mardelle, et qui, pour mieux courir, avait quitté ses sabots, se coupa l'orteil sur une des faces encore tranchantes du marteau rouge. Il le ramassa, pensant en faire des pierres pour son fusil, et l'apporta chez lui, où il l'oublia dans un coin. A l'époque des vendanges, il s'en servit pour caler sa cuve; après quoi, il le jeta dans son jardin, où les choux, ces fiers occupants d'une terre longtemps abandonnée à elle-même, le couvrirent de leur ombre et lui permirent de dormir encore à l'abri du caprice de l'homme.

Cent ans plus tard, un jardinier le rencontra sous sa bêche, et, comme le jardin du paysan s'était fondu dans un parc seigneurial, ce jardinier porta sa trouvaille au châtelain, en lui disant :

— Ma foi, monsieur le comte, je crois bien que j'ai trouvé dans mes planches d'asperges un de ces marteaux anciens dont vous êtes curieux.

M. le comte complimenta son jardinier sur son œil d'antiquaire et fit grand cas de sa découverte. Le marteau rouge était un des plus beaux spécimens de l'antique industrie de nos pères, et, malgré les outrages du temps, il portait la trace indélébile du travail de l'homme à un degré remarquable. Tous les amis de la maison et tous les antiquaires du pays l'admirèrent. Son âge devint un sujet de grande discussion. Il était en partie dégrossi et taillé au silex comme les spécimens des premiers âges, en partie façonné et poli comme ceux d'un temps moins barbare. Il appartenait évidemment à un temps de transition, peut-être avait-il été apporté par des émigrants; à coup sûr, dirent les géologues, il n'a pas été fabriqué dans le pays, car il n'y a pas de trace de cornaline bien loin à la ronde.

Les géologues n'oublièrent qu'une chose, c'est que les eaux sont des conducteurs de minéraux de toute sorte, et les antiquaires ne songèrent pas à se demander si l'histoire des faits industriels n'étaient pas démentie à chaque instant par des tentatives personnelles dues au caprice ou au génie de quelque artisan mieux doué que les autres. La figure tracée sur la lame présentait encore quelques linéaments qui furent soigneusement examinés. On y voyait bien encore l'intention de représenter un animal. Mais était-ce un cheval, un cerf, un ours des cavernes ou un mammouth ?

Quand on eut bien examiné et interrogé le marteau rouge, on le plaça sur un coussinet de velours. C'était la plus curieuse pièce de la collection de M. le comte. Il eut la place d'honneur et la conserva pendant une dizaine d'années.

Mais M. le comte vint à mourir sans enfants, et madame la comtesse trouva que le défunt avait dépensé pour ses collections beaucoup d'argent qu'il eût mieux employé à lui acheter des dentelles et à renouveler ses équipages. Elle fit vendre toutes ces antiquailles, pressée qu'elle était d'en débarrasser les chambres de son château. Elle ne conserva que quelques gemmes gravées et quelques médailles d'or qu'elle pouvait utiliser pour sa parure, et, comme le marteau rouge était tiré d'une cornaline particulièrement belle, elle le confia à un lapidaire chargé de le tailler en plaques destinées à un fermoir de ceinture.

Quand les fragments du marteau rouge furent taillés et montés, madame trouva la chose fort laide et la donna à sa petite nièce âgée de six ans qui en orna sa poupée. Mais ce bijou trop lourd et trop grand ne lui plut pas longtemps et elle imagina d'en faire de la soupe. Oui vraiment, mes enfants, de la soupe pour les poupées. Vous savez mieux que moi que la soupe aux poupées se compose de choses très-variées : des fleurs, des graines, des coquilles, des haricots blancs et rouges, tout est bon quand cela est cuit à point dans un petit vase de fer-blanc sur un feu imaginaire. La petite nièce manquant de carottes pour son pot-au-feu, remarqua la belle couleur de la cornaline, et, à l'aide d'un fer à repasser, elle la broya en mille petits morceaux qui donnèrent très-bonne mine à la soupe et que la poupée eût dû trouver succulente.

Si le marteau rouge eût été un être, c'est-à-dire s'il eût pu penser, quelles réflexions n'eût-il pas faites sur son étrange destinée? Avoir été montagne, et puis bloc; avoir servi sous cette forme à l'œuvre mystérieuse d'une fée, avoir forcé un ruisseau à révéler les secrets du génie des cimes glacées; avoir été, plus tard, le palladium d'une tribu guerrière, la gloire d'un peuple, le sceptre d'un homme bleu; être descendu à l'humble condition de couteau de cuisine jusqu'à ratisser, Dieu sait quels légumes, chez un peuple encore sauvage; avoir retrouvé une sorte de gloire dans les mains d'un antiquaire, jusqu'à se pavaner sur un socle de velours aux yeux des amateurs émerveillés : et tout cela pour devenir carotte fictive dans les mains d'un enfant, sans pouvoir seulement éveiller l'appétit dédaigneux d'une poupée !

Le marteau rouge n'était pourtant pas absolument anéanti. Il en était resté un morceau gros comme une noix que le valet de chambre ramassa en balayant et qu'il vendit cinquante centimes au lapidaire. Avec ce dernier fragment, le lapidaire fit trois bagues qu'il vendit un franc chacune. C'est très-joli, une bague de cornaline, mais c'est vite cassé et perdu. Une seule existe encore, elle a été donnée à une petite fille soigneuse qui la conserve précieusement sans se douter qu'elle possède la dernière parcelle du fameux marteau rouge, lequel n'était lui-même qu'une parcelle de la roche aux fées.

Tel est le sort des choses. Elles n'existent que par le prix que nous y attachons, elles n'ont point d'âme qui les fasse renaître, elles deviennent poussière ; mais, sous cette forme, tout ce qui possède la vie les utilise encore. La vie se sert de tout, et ce que le temps et l'homme détruisent renaît sous des formes nouvelles, grâce à cette fée qui ne laisse rien perdre, qui répare tout et qui recommence tout ce qui est défait. Cette reine des fées, vous la connaissez fort bien : c'est la nature.

LA FÉE POUSSIÈRE

Autrefois, il y a bien longtemps, mes chers enfants, j'étais jeune et j'entendais souvent les gens se plaindre d'une importune petite vieille qui entrait par les fenêtres quand on l'avait chassée par les portes. Elle était si fine et si menue, qu'on eût dit qu'elle flottait au lieu de marcher, et mes parents la comparaient à une petite fée. Les domestiques la détestaient et la renvoyaient à coups de plumeau, mais on ne l'avait pas plus tôt délogée d'une place qu'elle reparaissait à une autre.

Elle portait toujours une vilaine robe grise traînante et une sorte de voile pâle que le moindre vent faisait voltiger autour de sa tête ébouriffée en mèches jaunâtres.

A force d'être persécutée, elle me faisait pitié et je la laissais volontiers se reposer dans mon petit jardin, bien qu'elle abimât beaucoup mes fleurs. Je causais avec elle, mais sans en pouvoir tirer une parole qui eût le sens commun. Elle voulait toucher à tout, disant qu'elle ne faisait que du bien. On me reprochait de la tolérer, et, quand je l'avais laissée s'approcher de moi, on m'envoyait laver et changer, en me menaçant de me donner le nom qu'elle portait.

C'était un vilain nom que je redoutais beaucoup. Elle était si malpropre qu'on prétendait qu'elle couchait dans les balayures des maisons et des rues, et, à cause de cela, on la nommait la fée Poussière.

— Pourquoi donc êtes-vous si poudreuse? lui dis-je, un jour qu'elle voulait m'embrasser.

— Tu es une sotte de me craindre, répondit-elle alors d'un ton railleur : tu m'appartiens, et tu me ressembles plus que tu ne penses. Mais tu es une enfant esclave de l'ignorance, et je perdrais mon temps à te le démontrer.

— Voyons, repris-je, vous paraissez vouloir parler raison pour la première fois. Expliquez-moi vos paroles.

— Je ne puis te parler ici, répondit-elle. J'en ai trop long à te dire, et, sitôt que je m'installe quelque part chez vous, on me balaye avec mépris; mais, si tu veux savoir qui je suis, appelle-moi par trois fois cette nuit, aussitôt que tu seras endormie.

Là-dessus, elle s'éloigna en poussant un grand éclat de rire, et il me sembla la voir se dissoudre et s'élever en grande traînée d'or, rougi par le soleil couchant.

Le même soir, j'étais dans mon lit et je pensais à elle en commençant à sommeiller.

— J'ai rêvé tout cela, me disais-je, ou bien cette petite vieille est une vraie folle. Comment me serait-il possible de l'appeler en dormant?

Je m'endormis, et tout aussitôt je rêvai que je l'appelais. Je ne suis même pas sûre de n'avoir

13.

pas crié tout haut par trois fois : « Fée Poussière ! fée Poussière ! fée Poussière ! »

A l'instant même, je fus transportée dans un immense jardin au milieu duquel s'élevait un palais enchanté, et sur le seuil de cette merveilleuse demeure, une dame resplendissante de jeunesse et de beauté m'attendait dans de magnifiques habits de fête.

Je courus à elle et elle m'embrassa en me disant :

— Eh bien, reconnais-tu, à présent, la fée Poussière ?

— Non, pas du tout, madame, répondis-je, et je pense que vous vous moquez de moi.

— Je ne me moque point, reprit-elle ; mais, comme tu ne saurais comprendre mes paroles, je vais te faire assister à un spectacle qui te paraîtra étrange et que je rendrai aussi court que possible. Suis-moi.

Elle me conduisit dans le plus bel endroit de sa résidence. C'était un petit lac limpide qui ressemblait à un diamant vert enchâssé dans un anneau de fleurs, et où se jouaient des poissons de toutes les nuances de l'orange et de la cornaline, des carpes de Chine couleur d'ambre, des cygnes blancs et noirs, des sarcelles exotiques vêtues de pierreries, et, au fond de l'eau, des coquillages de nacre et de pourpre, des salamandres aux vives couleurs et aux panaches dentelés, enfin tout un monde de merveilles vivantes glissant et plongeant sur un lit de sable argenté, où poussaient des herbes fines, plus fleuries et plus jolies les unes que les autres. Autour de ce vaste bassin s'arrondissait sur plusieurs rangs une colonnade de porphyre à chapiteaux d'albâtre. L'entablement, fait des minéraux les plus précieux, disparaissait presque sous les clématites, les jasmins, les glycines, les bryones et les chèvrefeuilles où mille oiseaux faisaient leurs nids. Des buissons de roses de toutes nuances et de tous parfums, se miraient dans l'eau, ainsi que le fût des colonnes et les belles statues de marbre de Paros placées sous les arcades. Au milieu du bassin jaillissait en mille fusées de diamants et de perles un jet d'eau qui retombait dans de colossales vasques de nacre.

Le fond de l'amphithéâtre d'architecture s'ouvrait sur de riants parterres qu'ombrageaient des arbres géants couronnés de fleurs et de fruits, et dont les tiges enlacées de pampres formaient, au delà de la colonnade de porphyre, une colonnade de verdure et de fleurs.

La fée me fit asseoir avec elle au seuil d'une grotte d'où s'élançait une cascade mélodieuse et que tapissaient les beaux rubans des scolopendres et le velours des mousses fraîches diamantées de gouttes d'eau.

— Tout ce que tu vois là, me dit-elle, est mon ouvrage. Tout cela est fait de poussière ; c'est en secouant ma robe dans les nuages que j'ai fourni tous les matériaux de ce paradis. Mon ami le feu qui les avait lancés dans les airs, les a repris pour les recuire, les cristalliser ou les agglomérer après que mon serviteur le vent les a eu promenés dans l'humidité et dans l'électricité des nues, et rabattus sur la terre ; ce grand plateau solidifié s'est revêtu alors de ma substance féconde et la pluie en a fait des sables et des engrais, après en avoir fait des granits, des porphyres, des marbres, des métaux et des roches de toute sorte.

J'écoutais sans comprendre et je pensais que la fée continuait à me mystifier. Qu'elle eût pu faire de la terre avec de la poussière, passe encore ; mais qu'elle eût fait avec cela du marbre, des granits et d'autres minéraux, qu'en se secouant elle aurait fait tomber du ciel, je n'en croyais rien. Je n'osais pas lui donner un démenti, mais je me retournai involontairement vers elle pour voir si elle disait sérieusement une pareille absurdité.

Quelle fut ma surprise de ne plus la trouver derrière moi ! mais j'entendis sa voix qui partait de dessous terre et qui m'appelait. En même temps, je m'enfonçai sous terre aussi, sans pouvoir m'en défendre, et je me trouvai dans un lieu terrible où tout était feu et flamme On m'avait parlé de l'enfer, je crus que c'était cela. Des lueurs rouges, bleues, vertes, blanches, violettes, tantôt livides, tantôt éblouissantes, remplaçaient le jour, et, si le soleil pénétrait en cet endroit, les vapeurs qui s'exhalaient de la fournaise le rendaient tout à fait invisible.

Des bruits formidables, des sifflements aigus, des explosions, des éclats de tonnerre remplissaient cette caverne de nuages noirs où je me sentais enfermée.

Au milieu de tout cela, j'apercevais la petite fée Poussière qui avait repris sa face terreuse et son sordide vêtement incolore. Elle allait et venait, travaillant, poussant, tassant, brassant, versant je ne sais quels acides, se livrant en un mot à des opérations incompréhensibles.

— N'aie pas peur, me cria-t-elle d'une voix qui dominait les bruits assourdissants de ce Tartare. Tu es ici dans mon laboratoire. Ne connais-tu pas la chimie?

— Je n'en sais pas un mot, m'écriai-je, et ne désire pas l'apprendre en un pareil endroit.

— Tu as voulu savoir, il faut te résigner à regarder. Il est bien commode d'habiter la surface de la terre, de vivre avec les fleurs, les oiseaux et les animaux apprivoisés; de se baigner dans les eaux tranquilles, de manger des fruits savoureux en marchant sur des tapis de gazon et de marguerites. Tu t'es imaginée que la vie humaine avait subsisté de tout temps ainsi, dans des conditions bénies. Il est temps de t'aviser du commencement des choses et de la puissance de la fée Poussière, ton aïeule, ta mère et ta nourrice.

En parlant ainsi, la petite vieille me fit rouler avec elle au plus profond de l'abîme à travers les flammes dévorantes, les explosions effroyables, les âcres fumées noires, les métaux en fusion, les laves au vomissement hideux et toutes les terreurs de l'éruption volcanique.

— Voici mes fourneaux, me dit-elle, c'est le sous-sol où s'élaborent mes provisions. Tu vois, il fait bon ici pour un esprit débarrassé de cette caparace qu'on appelle un corps. Tu as laissé le tien dans ton lit et ton esprit seul est avec moi. Donc, tu peux toucher et brasser la matière première. Tu ignores la chimie, tu ne sais pas encore de quoi cette matière est faite, ni par quelle opération mystérieuse ce qui apparaît ici sous l'aspect de corps solides provient d'un corps gazeux qui a lui dans l'espace comme une nébuleuse et qui plus tard a brillé comme un soleil. Tu es une enfant, je ne peux pas t'initier aux grands secrets de la création et il se passera encore du temps avant que tes professeurs les sachent eux-mêmes. Mais je peux te faire voir les produits de mon art culinaire. Tout est ici un peu confus pour toi. Remontons d'un étage. Prends l'échelle et suis-moi.

Une échelle, dont je ne pouvais apercevoir ni la base ni le faîte, se présentait en effet devant nous. Je suivis la fée et me trouvai avec elle dans les ténèbres, mais je m'aperçus alors qu'elle était toute lumineuse et rayonnait comme un flambeau. Je vis donc des dépôts énormes d'une pâte rosée, des blocs d'un cristal blanchâtre et des lames immenses d'une matière vitreuse noire et brillante que la fée se mit à écraser sous ses doigts ; puis elle pila le cristal en petits morceaux et mêla le tout avec la pâte rose, qu'elle porta sur ce qu'il lui plaisait d'appeler un feu doux.

— Quel plat faites-vous donc là ? lui demandai-je.

— Un plat très-nécessaire à ta pauvre petite existence, répondit-elle ; je fais du granit, c'est-à-dire qu'avec de la poussière je fais la plus dure et la plus résistante des pierres. Il faut bien cela, pour enfermer le Cocyte et le Phlégéthon. Je fais aussi des mélanges variés des mêmes éléments. Voici ce qu'on t'a montré sous des noms barbares, les gneiss, les quartzites, les talcschistes, les micaschistes, etc. De tout cela, qui provient de mes poussières, je ferai plus tard d'autres poussières avec des éléments nouveaux, et ce seront alors des ardoises, des sables et des grès. Je suis habile et patiente, je pulvérise sans cesse pour réagglomérer. La base de tout gâteau n'est-elle pas la farine? Quant à présent, j'emprisonne mes fourneaux en leur ménageant toutefois quelques soupiraux nécessaires pour qu'ils ne fassent pas tout éclater. Nous irons voir plus haut ce qui se passe. Si tu es fatiguée, tu peux faire un somme, car il me faut un peu de temps pour cet ouvrage.

Je perdis la notion du temps, et, quand la fée m'éveilla :

— Tu as dormi, me dit-elle, un joli nombre de siècles!

— Combien donc, madame la fée?

— Tu demanderas cela à tes professeurs, répondit-elle en ricanant ; reprenons l'échelle.

Elle me fit monter plusieurs étages de divers dépôts, où je la vis manipuler des rouilles de métaux dont elle fit du calcaire, des marnes, des argiles, des ardoises, des jaspes ; et, comme je l'interrogeais sur l'origine des métaux :

—Tu en veux savoir beaucoup, me dit-elle. Vos chercheurs peuvent expliquer beaucoup de phénomènes par l'eau et par le feu. Mais peuvent-ils savoir ce qui s'est passé entre terre et ciel quand toutes mes pouzzolanes, lancées par le vent de l'abîme, ont formé des nuées solides, que les nuages d'eau ont roulées dans leurs tourbillons d'orage, que la foudre a pénétrées de ses aimants mystérieux et que les vents supérieurs ont rabattues sur la surface terrestre en pluies torrentielles? C'est là l'origine des premiers dépôts. Tu vas assister à leurs merveilleuses transformations.

Nous montâmes plus haut et nous vîmes des craies, des marbres et des bancs de pierre calcaire, de quoi bâtir une ville aussi grande que le globe entier. Et, comme j'étais émerveillée de ce qu'elle pouvait produire par le sassement, l'agglomération, le métamorphisme et la cuisson, elle me dit :

— Tout ceci n'est rien, et tu vas voir bien autre chose ! tu vas voir la vie déjà éclose au milieu de ces pierres.

Elle s'approcha d'un bassin grand comme une mer, et, y plongeant le bras, elle en retira d'abord des plantes étranges, puis des animaux plus étranges encore, qui étaient encore à moitié plantes ; puis des êtres libres, indépendants les uns des autres, des coquillages vivants, puis enfin des poissons, qu'elle fit sauter en disant :

— Voilà ce que dame Poussière sait produire quand elle se dépose au fond des eaux. Mais il y a mieux ; retourne-toi et regarde le rivage.

Je me retournai : le calcaire et tous ses composés, mêlés à la silice et à l'argile, avaient formé à leur surface une fine poussière brune et grasse où poussaient des plantes chevelues fort singulières.

— Voici la terre végétale, dit la fée, attends un peu, tu verras pousser des arbres.

En effet, je vis une végétation arborescente s'élever rapidement et se peupler de reptiles et d'insectes, tandis que sur les rivages s'agitaient des êtres inconnus qui me causèrent une véritable terreur.

— Ces animaux ne t'effrayeront pas sur la terre de l'avenir, dit la fée. Ils sont destinés à l'engraisser de leurs dépouilles. Il n'y a pas encore ici d'hommes pour les craindre.

— Attendez! m'écriai-je, voici un luxe de monstres qui me scandalise! Voici votre terre qui appartient à ces dévorants qui vivent les uns des autres. Il vous fallait tous ces massacres et toutes ces stupidités pour nous faire un fumier? Je comprends qu'ils ne soient pas bons à autre chose, mais je ne comprends pas une création si exubérante de formes animées, pour ne rien faire et ne rien laisser qui vaille.

— L'engrais est quelque chose, si ce n'est pas tout, répondit la fée. Les conditions que celui-ci va créer seront proprices à des êtres différents qui succéderont à ceux-ci.

— Et qui disparaîtront à leur tour, je sais cela. Je sais que la création se perfectionnera jusqu'à l'homme, du moins on me l'a dit et je le crois. Mais je ne m'étais pas encore représenté cette prodigalité de vie et de destruction qui m'effraye et me répugne. Ces formes hideuses, ces amphibies gigantesques, ces crocodiles monstrueux, et toutes ces bêtes rampantes ou nageantes qui ne semblent vivre que pour se servir de leurs dents et dévorer les autres...

Mon indignation divertit beaucoup la fée Poussière.

— La matière est la matière, répondit-elle, elle est toujours logique dans ses opérations. L'esprit humain ne l'est pas et tu en es la preuve, toi qui te nourris de charmants oiseaux et d'une foule de créatures plus belles et plus intelligentes que celles-ci. Est-ce à moi de t'apprendre qu'il n'y a point de production possible sans destruction permanente, et veux-tu renverser l'ordre de la nature?

— Oui, je le voudrais, je voudrais que tout fût bien, dès le premier jour. Si la nature est une grande fée, elle pouvait bien se passer de tous ces essais abominables, et faire un monde où nous serions des anges, vivant par l'esprit, au sein d'une création immuable et toujours belle.

— La grande fée Nature a de plus hautes visées, répondit dame Poussière. Elle ne prétend pas s'arrêter aux choses que tu connais. Elle travaille et invente toujours. Pour elle, qui ne connaît pas la suspension de la vie, le repos serait la mort. Si les choses ne changeaient pas, l'œuvre du roi des génies serait terminée et ce roi, qui est l'activité incessante et suprême, finirait avec son œuvre. Le monde où tu vis et où tu vas retourner tout à l'heure quand ta vision du passé se dissipera, — ce monde de l'homme que tu crois meilleur que celui des animaux anciens, ce monde dont tu n'es pourtant pas satisfait, puisque tu voudrais y vivre éternellement à l'état de pur esprit, cette pauvre planète encore enfant, est destinée à se transformer indéfiniment. L'avenir fera de vous tous et de vous toutes, faibles créatures humaines, des fées et des génies qui posséderont la science, la raison et la bonté; vois ce que je te fais voir, et sache que ces premières ébauches de la vie résumée dans l'instinct sont plus près de toi que tu ne l'es de ce que sera, un jour, le règne de l'esprit sur la terre que tu habites. Les occupants de ce monde futur seront alors en droit de te mépriser aussi profondément que tu méprises aujourd'hui le monde des grands sauriens.

— A la bonne heure, répondis-je, si tout ce que je vois du passé doit me faire aimer l'avenir, continuons à voir du nouveau.

— Et surtout, reprit la fée, ne le méprisons pas trop, ce passé, afin de ne pas commettre l'ingratitude de mépriser le présent. Quand le grand esprit de la vie se sert des matériaux que je lui fournis, il fait des merveilles dès le premier jour. Regarde les yeux de ce prétendu monstre que vos savants ont nommé l'ichthyosaure.

— Ils sont plus gros que ma tête et me font peur.

— Ils sont très-supérieurs aux tiens. Ils sont à la fois myopes et presbytes à volonté. Ils voient la proie à des distances considérables comme avec un télescope, et, quand elle est tout près, par un simple changement de fonction, ils la voient parfaitement à sa véritable distance sans avoir besoin de lunettes. A ce moment de la création, la nature n'a qu'un but : faire un animal pensant. Elle lui donne des organes merveilleusement appropriés à ses besoins. C'est un joli commencement : n'en es-tu pas frappée? — Il en sera ainsi, et de mieux en mieux, de tous les êtres qui vont succéder à ceux-ci. Ceux qui te paraîtront pauvres, laids ou chétifs seront encore des prodiges d'adaptation au milieu où ils devront se manifester.

— Et comme ceux-ci, ils ne songeront pourtant qu'à se nourrir?

— A quoi veux-tu qu'ils songent? La terre n'éprouve pas le besoin d'être admirée. Le ciel subsistera aujourd'hui et toujours sans que les aspirations et les prières des créatures ajoutent rien à son éclat et à la majesté de ses lois. La fée de ta petite planète connaît la grande cause, n'en doute pas ; mais, si elle est chargée de faire un être qui pressente ou devine cette cause, elle est soumise à la loi du temps, cette chose dont vous ne pouvez pas vous rendre compte, parce que vous vivez trop peu pour en apprécier les opérations. Vous les croyez lentes, et elles sont d'une rapidité foudroyante. Je vais affranchir ton esprit de son infirmité et faire passer devant toi les résultats de siècles innombrables. Regarde et n'ergote plus. Mets à profit ma complaisance pour toi.

Je sentis que la fée avait raison et je regardai, de tous mes yeux, la succession des aspects de la terre. Je vis naître et mourir des végétaux et des animaux de plus en plus ingénieux par l'instinct et de plus en plus agréables ou imposants par la forme. A mesure que le sol s'embellissait de productions plus ressemblantes à celles de nos jours, les habitants de ce grand jardin que de grands accidents transformaient sans cesse, me parurent moins avides pour eux-mêmes et plus soucieux de leur progéniture. Je les vis construire des demeures à l'usage de leur famille et montrer de l'attachement pour leur localité. Si bien que, de moment en moment, je voyais s'évanouir un monde et surgir un monde nouveau, comme les actes d'une féerie.

— Repose-toi, me dit la fée, car tu viens de parcourir beaucoup de milliers de siècles, sans t'en douter, et monsieur l'homme va naître à son tour quand le règne de monsieur le singe sera accompli.

Je me rendormis, écrasée de fatigue, et, quand je m'éveillai, je me trouvai au milieu d'un grand bal dans le palais de la fée, redevenue jeune, belle et parée.

— Tu vois toutes ces belles choses et tout ce beau monde, me dit-elle. Eh bien, mon enfant, poussière que tout cela ! Ces parois de porphyre et de marbre, c'est de la poussière de molécules pétrie et cuite à point. Ces murailles de pierres taillées, c'est de la poussière de chaux ou de granit amenée à bien par les mêmes procédés. Ces lustres et ces cristaux, c'est du sable fin cuit par la main des hommes en imitation du travail de la nature. Ces porcelaines et ces faïences, c'est de la poudre de feldspath, le kaolin dont les Chinois nous ont fait trouver l'emploi. Ces diamants qui parent les danseuses, c'est de la poudre de charbon qui s'est cristallisée. Ces perles, c'est le phosphate de chaux que l'huître suinte dans sa coquille. L'or et tous les métaux n'ont pas d'autre origine que l'assemblage bien tassé, bien manipulé, bien fondu, bien chauffé et bien refroidi, de molécules infinitésimales. Ces beaux végétaux, ces roses couleur de chair, ces lis tachetés, ces gardénias qui embaument l'atmosphère, sont nés de la poussière que je leur ai préparée, et ces gens qui dansent et sourient au son des instruments, ces vivants par excellence qu'on appelle des personnes, eux aussi, ne t'en déplaise, sont nés de moi et retourneront à moi.

Comme elle disait cela, la fête et le palais disparurent. Je me trouvai avec la fée dans un champ où il poussait du blé. Elle se baissa et ramassa une pierre où il y avait un coquillage incrusté.

— Voilà, me dit-elle, à l'état fossile, un être que je t'ai montré vivant aux premiers âges de la vie. Qu'est-ce que c'est, à présent? Du phosphate de chaux. On le réduit en poussière et on en fait de l'engrais pour les terres trop siliceuses. Tu vois, l'homme commence à s'aviser d'une chose, c'est que le seul maître à étudier, c'est la nature.

Elle écrasa sous ses doigts le fossile et en sema la poudre sur le sol cultivé, en disant :

— Ceci rentre dans ma cuisine. Je sème la destruction pour faire pousser le germe. Il en est ainsi de toutes les poussières, qu'elles aient été plantes, animaux ou personnes. Elles sont la mort après avoir été la vie, et cela n'a rien de triste, puisqu'elles recommencent toujours, grâce à moi, à être la vie après avoir été la mort. Adieu. Je veux que tu gardes un souvenir de moi. Tu admires beaucoup ma robe de bal. En voici un petit morceau que tu examineras à loisir.

Tout disparut, et, quand j'ouvris les yeux, je me retrouvai dans mon lit. Le soleil était levé et m'envoyait un beau rayon. Je regardai le bout d'étoffe que la fée m'avait mis dans la main. Ce n'était qu'un petit tas de fine poussière, mais mon esprit était encore sous le charme du rêve et il communiqua à mes sens le pouvoir de distinguer les moindres atomes de cette poussière.

Je fus émerveillée; il y avait de tout : de l'air, de l'eau, du soleil, de l'or, des diamants, de la cendre, du pollen de fleur, des coquillages, des perles, de la poussière d'ailes de papillon, du fil, de la cire, du fer, du bois, et beaucoup de cadavres microscopiques; mais, au milieu de ce mélange de débris imperceptibles, je vis fermenter je ne sais quelle vie d'êtres insaisissables qui paraissaient chercher à se fixer quelque part pour éclore ou pour se transformer, et qui se fondirent en nuage d'or dans le rayon rose du soleil levant.

LE GNOME DES HUITRES

Un original de nos amis, grand amateur d'huîtres, eut la fantaisie, l'an dernier, d'aller déguster sur place les produits des bancs les plus renommés, afin de les comparer et d'être édifié une fois pour toutes sur leurs différents mérites. Il alla donc à Cancale, à Ostende, à Marennes, et autres localités recommandables. Il revint persuadé que Paris est le port de mer où l'on trouve les meilleurs produits maritimes.

Vous connaissez cet ami, mes chères petites, vous savez qu'il est fantaisiste, et que, quand il raconte, son imagination lui fait dépasser le vraisemblable. L'autre soir, il était en train de nous narrer son voyage, lorsque *l'homme au sable* a passé. Vous avez résisté le mieux possible; mais enfin il vous a fallu dire bonsoir à la compagnie, et vous auriez perdu cette curieuse histoire, si je ne l'eusse transcrite fidèlement pour vous, le soir même. La voici telle que je l'ai entendue. C'est notre ami qui parle :

**

Vous savez aussi bien que moi, mes chers amis, qu'on peut habiter les bords de la mer et n'y manger de poissons, de crustacés et de coquillages que lorsqu'on en demande à Paris. C'est là que tout s'engouffre, et vous vous souvenez que, sur les rives de la Manche, nous n'en goûtions que quand les propriétaires des grands hôtels de bains en faisaient venir de la Halle. Bien que averti, je voulus, l'an dernier, expérimenter la chose par moi-même. Je restai vingt-quatre heures à Marennes avant d'obtenir une demi-douzaine d'huîtres médiocres que je payai fort cher. Ailleurs, je n'en obtins pas du tout. Dans certains villages, on m'offrit des colimaçons.

Enfin, je gagnai Cancale, où les huîtres étaient

passables et le vin blanc de l'auberge excellent. Je me trouvai à table à côté d'un tout petit vieillard bossu, ratatiné et sordidement vêtu, qui me parut fort laid et avec qui pourtant je liai conversation, parce qu'il me sembla être le seul qui attachât de l'importance à la qualité des huîtres. Il les examinait sérieusement, les retournant de tous côtés.

— Est-ce que vous cherchez des perles? lui demandai-je.

— Non, répondit-il; je compare cette espèce, ou plutôt cette variété à toutes celles que je connais déjà.

— Ah! vraiment? vous êtes amateur?

— Oui, monsieur; comme vous, sans doute?

— Moi? je voyage exclusivement pour les huîtres.

— Bravo! nous pourrons nous entendre. Je me mets absolument à votre service.

— Parfait! Avalons encore quelques-uns de ces mollusques et nous causerons. — Garçon! apportez-nous encore quatre douzaines d'huîtres.

— Voilà, monsieur! dit le garçon en posant

sur la table quatre bouteilles de vin de Sauterne.

— Que voulez-vous que nous fassions de tout ce vin? demanda d'un ton bourru le petit homme.

— Une bouteille par douzaine, est-ce trop? dit le garçon en me regardant.

— On verra, répondis-je. Vos huîtres sont diablement salées. N'importe, pourvu qu'il y en ait à discrétion...

Le garçon sortit. Je vidai une bouteille avec le petit vieux, qui me parut ne pas se faire prier, du moment où il comprit que je payais. Le garçon rentra.

— Monsieur, dit-il, il n'y a plus d'huîtres très-grasses. Mais monsieur n'a qu'à commander ce qu'il en veut pour demain.

— Allez au diable! j'ai cru tomber ici sur une mine inépuisable...

— Il y en a, monsieur, il y en a en quantité, mais il faut les pêcher.

— Eh bien, j'irai les pêcher moi-même. Apportez le déjeuner.

Le déjeuner fut bon et nous y fîmes honneur.

Les soles étaient excellentes, le vin était sans reproche. Mais le dépit de n'avoir point d'huîtres m'empêcha de savourer ce qu'on m'offrait. Je bus et mangeai sans discernement, causant toujours avec mon petit vieux, qui semblait compatir à ma peine et prendre intérêt à mon exploration manquée.

Si bien qu'à la fin du repas je ne saisissais plus très-clairement le sens de ses paroles ni la vue des objets environnants. Le gnome, car il avait réellement l'aspect d'un gnome, me paraissait un peu ému aussi, car il passa son bras sous le mien avec une familiarité touchante en m'appelant son cher ami, et en jurant qu'il allait me révéler tous les secrets de la nature concernant les huîtres.

Je le suivis sans savoir où j'allais. La vivacité de l'air achevait de m'éblouir, et je me trouvai avec lui dans une sorte de grotte, de cave ou de chambre sombre, où étaient entassés des monceaux de coquillages.

— Voici ma collection, me dit-il d'un air triomphant: je ne la montre pas au premier venu ; mais, puisque vous êtes un véritable amateur,... tenez, voici la première des huîtres ! *ostrea matercula* de l'étage permien.

— Voyons ! m'écriai-je en saisissant l'huître et en la portant à mes lèvres.

— Vous voulez la manger ? fit le gnome en m'arrêtant : y songez-vous ?

— Pardon ! j'ai cru que vous me l'offriez pour cela.

— Mais, monsieur, c'est un échantillon précieux. On ne le trouve qu'en Russie, dans les calcaires cuivreux.

— Cuivreux ? merci ! Vous avez bien fait de m'arrêter ! Mon déjeuner ne me gêne point et je ne recherche pas les oxydes de cuivre en guise de dessert. Passons. Ces *ostrea*, comme vous les appelez, ne me feront pas faire le voyage de Russie.

— Pourtant, monsieur, dit le gnome en reprenant son huître, elle est bien intéressante, cette représentante des premiers âges de la vie ! Au temps où elle apparut dans les mers, il n'existait ni hommes ni quadrupèdes sur la terre.

— Alors, que faisait-elle dans le monde ?

— Elle essayait d'exister, monsieur, et elle existait! Allez-vous dire du mal des premières huîtres, sous prétexte que vous n'étiez pas encore né pour les manger?

Je vis que j'avais fâché le gnome et je le priai de passer à une série plus récente.

— Procédons avec ordre, reprit-il ; voici *ostrea marcignyana*, des arkoses et des grès du Keuper.

— Elle n'a pas bonne mine, elle est toute plissée et doit manquer de chair.

— Les animaux de son temps ne la dédaignaient pas, soyez-en sûr. Aimez-vous mieux *ostrea arcuata*, autrement la gryphée arquée du lias inférieur?

— Je la trouve jolie, elle ressemble à une lampe antique, mais quel goût a-t-elle?

— Je n'en sais rien, répondit le gnome en haussant les épaules. Je n'ai pas vécu de son temps. Il y a deux cent cinq espèces principales d'huîtres fossiles avec leurs variétés et sous-variétés, ce qui forme un joli total. Je puis vous montrer la variété d'*ostrea arcuata*. Tenez! mangez-la, si le cœur vous en dit!

15

— Oh! oh! à la bonne heure! Celle-ci est belle, et, dans mes meilleurs jours d'appétit, je pense qu'une douzaine me suffirait.

— Aussi nous l'appelons *gigantea*. En voulez-vous de plus petites? Voici une prétendue variété que je ne crois pas être autre chose que *l'arcuata* dans son âge tendre. En voulez-vous un plat? On la trouve à foison dans le sinémurien.

— Merci! il me faudrait un cure-dent pour les tirer de leur coquille et trente-six heures à table pour m'en rassasier.

— Eh bien, voici *l'ostrea cymbium*, du lias moyen.

— C'est trop gros, ce doit être coriace.

— Aimez-vous mieux *marshii cristagalli*, du bajocien?

— Elle est jolie; mais le moyen d'ouvrir toutes ces dentelures en crête de coq? Vraiment, tout ce que vous me montrez ne vaut pas le diable!

— Monsieur n'est pas content de mes échantillons? Voici pourtant la *gregaria*, dont la dentelure est merveilleuse, et que vous auriez pu trouver dans les falaises de marne du Calvados. Mais passons quelques espèces, puisque vous êtes pressé. Traversons l'oolithe. N'accorderez-vous pas pourtant un regard à *ostrea virgula*, du kimmeridge clay?

— Pas de virgule! m'écriai-je impatienté de ces noms barbares. Passez, passez!

— Eh bien, monsieur, nous voici dans les terrains crétacés. Voici *ostrea couloni*, des grès verts, une belle huître, celle-là, j'espère! Voici *aquila* (du gault) encore plus grosse; *flabellata frons, carinata*, avec sa longue carène. Mangeriez-vous bien la douzaine? J'en passe, et des meilleures; mais voici la merveille, c'est l'*ostrea pes-leonis* de la craie blanche. Celle-ci ne vous dit-elle rien?

Il me tendait un mollusque énorme, tout denté, tout plissé, et revêtu d'un test d'aspect cristallin qui avait réellement bonne mine.

— Vous ne me ferez pas croire, lui dis-je, que ceci soit une huître!

—Pardon, c'est une véritable huître, monsieur!

— Huître vous-même! m'écriai-je furieux.

J'avais reçu de sa petite patte maigre le mollusque nacré sans me douter de son poids. Il était tel, que, ne m'attendant à rien, je le laissai tomber sur mon pied, ce qui, ajouté à l'ennui que me causait la nomenclature pédantesque du gnome, me mit, je l'avoue, dans une véritable colère; et, comme il riait méchamment, sans paraître offensé le moins du monde d'être traité d'huître, je voulus lui jeter quelque chose à la tête. Je ne suis pas cruel, même dans la colère, je l'aurais tué avec l'huître *pied de lion*; je me contentai de lui lancer dans la figure une poignée de menue mitraille que je trouvai sous ma main et qui ne lui fit pas grand mal.

Mais alors il entra en fureur, et, reculant d'un pas, il saisit un gros marteau d'acier qu'il brandit d'une main convulsive.

— Vous n'êtes pas une huître, vous! s'écriat-il d'une voix glapissante comme la vague qui se brise sur les galets. Non! vous n'êtes pas à la hauteur de ce doux mollusque, *ostrea œdulis* des temps modernes, qui ne fait de mal à personne et dont vous n'appréciez le mérite que lorsqu'il est victime de votre voracité. Vous êtes un Welche, un barbare! vous touchez sans respect à mes fossiles, vous brisez indignement mes charmantes petites *columbœ* de la craie blanche, que j'ai recueillies avec tant de soin et d'amour! Quoi! je vous invite à voir la plus belle collection qui existe dans le pays, une collection à laquelle ont contribué tous les savants de l'Europe, et, non content de vouloir tout avaler comme un goinfre ignorant, vous détériorez mes précieux spécimens! Je vais vous traiter comme vous le méritez et vous faire sentir ce que pèse le marteau d'un géologue!

Le danger que je courais dissipa à l'instant même les fumées du vin blanc, et, voyant que j'étais entouré de fossiles et non de comestibles, je saisis à temps le bras du gnome et lui arrachai son arme; mais il s'élança sur moi et s'y attacha comme un poulpe. Cette étreinte d'un affreux bossu me causa une telle répugnance, que je me sentis pris de nausées et le menaçai de tout briser dans son musée d'huîtres s'il ne me lâchait.

Je ne sais trop alors ce qui se passa. Le gnome était d'une force surhumaine; je me trouvai étendu par terre, et, alors, ne me connaissant plus, je ramassai la redoutable *ostrea pes-leonis* pour la lui lancer.

Il prit la fuite et fit bien. Je me relevai et me hâtai de sortir de l'espèce d'antre qu'il appelait son musée, et je me trouvai sur le bord de la mer, face à face avec le garçon de l'hôtel où j'avais déjeuné.

— Si monsieur désire des huîtres, me dit-il, nous en aurons à dîner. On m'en a promis douze douzaines.

— Au diable les huîtres! m'écriai-je. Qu'on ne m'en parle plus jamais! Oui, que le diable les emporte toutes, depuis la *matercula* des terres cuivreuses jusqu'à l'*œdulis* des temps modernes!

Le garçon me regarda d'un air stupéfait. Puis, d'un ton de sérénité philosophique :

— Je vois ce que c'est, dit-il. Le sauterne était un peu fort; ce soir, on servira du chablis à monsieur.

Et, comme j'allais me fâcher, il ajouta gracieusement :

— Monsieur a été sobre, mais il a déjeuné en compagnie d'un fou, et c'est cela qui a porté à la tête de monsieur.

— En compagnie d'un fou ? Oui, certes, répondis-je ; comment appelez-vous ce gnome ?

— Monsieur l'appelle par son vrai nom, car c'est ainsi qu'on le désigne dans le pays. Le gnome, c'est-à-dire le poulpiquet des huîtres. Ce n'est pas un méchant homme, mais c'est un maniaque qui, en fait d'huîtres, ne se soucie que de l'écaille. On le tient pour sorcier : moi, je le crois bête ! Monsieur a eu à se plaindre de ses manières ?

Je ne voulus pas raconter à ce garçon d'hôtel ma ridicule aventure, et je m'éloignai, résolu à faire une bonne promenade sur le rivage, afin de regagner l'appétit nécessaire pour le dîner.

Mais je n'allai pas loin. Un invincible besoin de dormir s'empara de moi, et je dus m'étendre sur le sable en un coin abrité. Quand j'ouvris les yeux, la nuit était venue et la mer montait. Il n'était que temps d'aller dîner et je marchai avec peine sur les mille débris que rapporte sur la grève la marée qui lèche les rivages, vieux souliers, vieux chapeaux, varechs gluants, débris d'embarcation couverts d'anatifes gâtés et infects, chapelets de petites moules, cadavres de méduses sur lesquels le pied glisse à chaque pas. Je me hâtais, saisi d'un dégoût que la mer ne m'avait jamais inspiré, lorsque je vis errer autour de moi dans l'ombre une forme vague qui, d'après son exiguïté, ne pouvait être que celle du gnome. J'avais l'esprit frappé. Je ramassai un pieu apporté par les eaux, et me mis à sa poursuite. Je le vis ramper dans la vase et chercher à me saisir les jambes. Un coup vigoureusement appliqué sur l'échine lui fit jeter un cri si étrange, et il devint si petit, si petit, que je le vis entrer dans une énorme coquille qui bâillait à mes pieds. Je voulus m'en emparer : horreur ! mes mains ne saisirent qu'une peau velue, tandis qu'une langue froide se promenait sur mon visage. J'allais lancer le monstre à la mer, lorsque je reconnus mon bon chien Tom, que j'avais enfermé dans ma chambre, à l'hôtel, et qui avait réussi à s'échapper pour venir à ma rencontre.

Je rentrai alors tout à fait en moi-même et je m'en allai dîner à l'hôtel, où l'on me servit d'excellentes huîtres à discrétion. J'avoue que je les mangeai sans appétit. J'avais la tête troublée, et m'imaginais voir le gnome s'échapper de chaque coquille et gambader sur la table en se moquant de moi.

Le lendemain, comme je m'apprêtais à déjeuner, je vis tout à coup le gnome en personne s'asseoir à mes côtés.

— Je vous demande pardon, me dit-il, de vous avoir ennuyé beaucoup hier avec mes fossiles. J'avais encore à vous en montrer quelques-uns des terrains crétacés, entre autres l'*ostrea spinosa*, qui est fort curieuse. L'étage de la craie blanche est fort riche en espèces différentes. Après cela, nous serions arrivés aux terrains tertiaires, où nous aurions trouvé la *bellovacina* et la *longirostris*, qui se rapprochent beaucoup des huîtres contemporaines l'*œdulis* et la perlière.

15.

— Est-ce fini? m'écriai-je, et puis-je espérer qu'aujourd'hui, du moins, vous me laisserez manger en paix l'*œdulis cancalis*, sans m'assassiner avec vos fossiles indigestes?

— Vous avez tort, reprit-il, de mépriser l'étude géologique de l'huître. Elle caractérise admirablement les étages géologiques; elle est, comme l'a dit un savant, la médaille commémorative des âges qui n'ont point d'histoire : elle marque, par ses transformations successives, le lent et continuel changement des milieux auxquels sa forme a su se plier. Les unes sont taillées pour la flottaison comme *arcuata* et *carinata*. D'autres ont vécu attachées aux roches, comme *gregaria* et *deltoïdea*. En général, l'huître, par sa tendance à l'agglomération, peut servir de modèle aux sociétés humaines.

— Exemple trop suivi, monsieur! repris-je avec humeur. Je vous conseille, en vérité, de prêcher l'union des partis, à l'état de bancs d'huîtres!

— Ne parlons pas politique, monsieur, dit le gnome en souriant. La science ne s'égare pas sur ce terrain-là. C'est l'étage supérieur des terrains modernes, qu'on pourrait appeler le *conservator-bank*.

— Si l'on peut rire avec vous, à la bonne heure! repris-je. Vous me paraissez mieux disposé qu'hier.

— Hier! Aurais-je manqué à la politesse et à l'hospitalité? J'en serais désolé! Vous m'aviez fait boire beaucoup de sauterne et je suis habitué au cidre. Je me rappelle un peu confusément...

— Vous ne vous souvenez pas d'avoir voulu m'assassiner?

— Moi? Dieu m'en garde! Comment un pauvre petit vieux contrefait comme je le suis, eût-il pu songer à se mesurer avec un gaillard de votre apparence?

— Vous vous êtes pourtant jeté sur moi et vous m'avez même terrassé un instant!

— Terrassé, moi! Ne serait-ce pas plutôt...? il était fort, le sauterne! Vous vouliez tout casser chez moi! Mais, puisque nous ne nous souvenons pas bien ni l'un ni l'autre, achevons d'oublier nos discordes en déjeunant ensemble de bonne amitié. Je suis venu ici pour vous prier d'accepter le repas que vous m'avez forcé d'accepter hier.

Je vis alors que le gnome était un aimable homme, car il me fit servir un vrai festin où je m'observai sagement à l'endroit des vins et où il ne fut plus question d'huîtres que pour les déguster. Je repartais à midi, il m'accompagna jusqu'au chemin de fer en me laissant sa carte : il s'appelait tout bonnement M. Gaume.

LA FÉE AUX GROS YEUX

Elsie avait une gouvernante irlandaise fort singulière. C'était la meilleure personne qui fût au monde, mais quelques animaux lui étaient antipathiques à ce point qu'elle entrait dans de véritables fureurs contre eux. Si une chauve-souris pénétrait le soir dans l'appartement, elle faisait des cris ridicules et s'indignait contre les personnes qui ne couraient pas sus à la pauvre bête. Comme beaucoup de gens éprouvent de la répugnance pour les chauves-souris, on n'eût pas fait grande attention à la sienne, si elle ne se fût étendue à de charmants oiseaux, les fauvettes, les rouges-gorges, les hirondelles et autres insectivores, sans en excepter les rossignols, qu'elle traitait de cruelles bêtes. Elle s'appelait miss Barbara ***, mais on lui avait donné le surnom de *fée aux gros yeux; fée*, parce qu'elle était très-savante et très-mystérieuse ; *aux gros yeux*, parce qu'elle avait d'énormes yeux clairs saillants et bombés, que la malicieuse Elsie comparait à des bouchons de carafe.

Elsie ne détestait pourtant pas sa gouvernante, qui était pour elle l'indulgence et la patience mêmes : seulement, elle s'amusait de ses bizarreries et surtout de sa prétention à voir mieux que les autres, bien qu'elle eût pu gagner le grand prix de myopie au concours de la conscription. Elle ne se doutait pas de la présence des objets, à moins qu'elle ne les touchât avec son nez, qui par malheur était des plus courts.

Un jour qu'elle avait donné du front dans une porte à demi ouverte, la mère d'Elsie lui avait dit :

— Vraiment, à quelque jour, vous vous ferez grand mal! Je vous assure, ma chère Barbara, que vous devriez porter des lunettes.

Barbara lui avait répondu avec vivacité :

— Des lunettes, moi? Jamais! je craindrais de me gâter la vue!

Et, comme on essayait de lui faire comprendre que sa vue ne pouvait pas devenir plus mauvaise, elle avait répliqué, sur un ton de conviction triomphante, qu'elle ne changerait avec qui que ce soit *les trésors de sa vision*. Elle voyait les plus petits objets comme les autres avec les loupes les plus fortes; ses yeux étaient deux lentilles de microscope qui lui révélaient à chaque instant des merveilles inappréciables aux autres. Le fait est qu'elle comptait les fils de la plus fine batiste et les mailles des tissus les plus déliés, là où Elsie, qui avait ce qu'on appelle de bons yeux, ne voyait absolument rien.

Longtemps on l'avait surnommée *miss Frog* (grenouille), et puis on l'appela *miss Maybug* (hanneton), parce qu'elle se cognait partout; enfin, le nom de fée aux gros yeux prévalut, parce qu'elle était trop instruite et trop intelligente pour être comparée à une bête, et aussi parce que tout le monde, en voyant les découpures et les broderies merveilleuses qu'elle savait faire, disait :

— C'est une véritable fée!

Barbara ne semblait pas indifférente à ce compliment, et elle avait coutume de répondre :

— Qui sait? Peut-être! peut-être!

Un jour, Elsie lui demanda si elle disait sérieusement une pareille chose, et miss Barbara répéta d'un air malin :

— Peut-être, ma chère enfant, peut-être!

Il n'en fallut pas davantage pour exciter la curiosité d'Elsie ; elle ne croyait plus aux fées, car elle était déjà grandelette, elle avait bien douze ans. Mais elle regrettait fort de n'y plus croire, et il n'eût pas fallu la prier beaucoup pour qu'elle y crût encore.

Le fait est que miss Barbara avait d'étranges habitudes. Elle ne mangeait presque rien et ne dormait presque pas. On n'était même pas bien certain qu'elle dormît, car on n'avait jamais vu son lit défait. Elle disait qu'elle le refaisait elle-même chaque jour, de grand matin, en s'éveillant, parce qu'elle ne pouvait dormir que dans un lit dressé à sa guise. Le soir, aussitôt qu'Elsie quittait le salon en compagnie de sa bonne qui couchait auprès d'elle, miss Barbara se retirait avec empressement dans le pavillon qu'elle avait choisi et demandé pour logement, et on assurait qu'on y voyait de la lumière jusqu'au jour. On prétendait même que, la nuit, elle se promenait avec une petite lanterne en parlant tout haut avec des êtres invisibles.

La bonne d'Elsie en disait tant, qu'un beau soir, Elsie éprouva un irrésistible désir de savoir ce qui se passait chez sa gouvernante et de surprendre les mystères du pavillon.

Mais comment oser aller la nuit dans un pareil endroit? Il fallait faire au moins deux cents pas à travers un massif de lilas que couvrait un grand cèdre, suivre sous ce double ombrage une allée étroite, sinueuse et toute noire!

— Jamais, pensa Elsie, je n'aurai ce courage-là.

Les sots propos des bonnes l'avaient rendue peureuse. Aussi ne s'y hasarda-t-elle pas. Mais elle se risqua pourtant le lendemain à questionner Barbara sur l'emploi de ses longues veillées.

— Je m'occupe, répondit tranquillement la fée aux gros yeux. Ma journée entière vous est consacrée; le soir m'appartient. Je l'emploie à travailler pour mon compte.

— Vous ne savez donc pas tout, que vous étudiez toujours?

— Plus on étudie, mieux on voit qu'on ne sait rien encore.

— Mais qu'est-ce que vous étudiez donc tant? Le latin? le grec?

— Je sais le grec et le latin. C'est autre chose qui m'occupe.

— Quoi donc? Vous ne voulez pas le dire?

— Je regarde ce que moi seule je peux voir.

— Vous voyez quoi?

— Permettez-moi de ne pas vous le dire; vous voudriez le voir aussi, et vous ne pourriez pas ou vous le verriez mal, ce qui serait un chagrin pour vous.

— C'est donc bien beau, ce que vous voyez?

— Plus beau que tout ce que vous avez vu et verrez jamais de beau dans vos rêves.

— Ma chère miss Barbara, faites-le-moi voir, je vous en supplie!

— Non, mon enfant, jamais! Cela ne dépend pas de moi.

— Eh bien, je le verrai! s'écria Elsie dépitée. J'irai la nuit chez vous, et vous ne me mettrez pas dehors.

— Je ne crains pas votre visite. Vous n'oseriez jamais venir!

— Il faut donc du courage pour assister à vos sabbats?

— Il faut de la patience et vous en manquez absolument.

Elsie prit de l'humeur et parla d'autre chose. Puis elle revint à la charge et tourmenta si bien la fée, que celle-ci promit de la conduire le soir à son pavillon, mais en l'avertissant qu'elle ne verrait rien ou ne comprendrait rien à ce qu'elle verrait.

Voir! voir quelque chose de nouveau, d'inconnu, quelle soif, quelle émotion pour une petite fille curieuse! Elsie n'eut pas d'appétit à dîner, elle bondissait involontairement sur sa chaise, elle comptait les heures, les minutes. Enfin, après les occupations de la soirée, elle obtint de sa mère la permission de se rendre au pavillon avec sa gouvernante.

A peine étaient-elles dans le jardin qu'elles firent une rencontre dont miss Barbara parut fort émue. C'était pourtant un homme d'apparence très-inoffensive que M. Bat, le précepteur des frères d'Elsie. Il n'était pas beau : maigre, très-brun, les oreilles et le nez pointus, et toujours vêtu de noir de la tête aux pieds, avec des habits à longues basques, très-pointues aussi. Il était timide, craintif même; hors de ses leçons, il disparaissait comme s'il eût éprouvé le besoin de se cacher. Il ne parlait jamais à table, et le soir, en attendant l'heure de présider au coucher de ses élèves, il se promenait en rond sur la terrasse du jardin, ce qui ne faisait de mal à personne, mais paraissait être l'indice d'une tête sans réflexion livrée à une oisiveté stupide. Miss Barbara n'en jugeait pas ainsi. Elle avait M. Bat en horreur, d'abord à cause de son nom qui signifie chauve-souris en anglais. Elle prétendait que, quand on a le malheur de porter un pareil nom, il faut s'expatrier afin de pouvoir s'en attribuer un autre en pays étranger. Et puis elle avait toute sorte de préventions contre lui, elle lui en voulait d'être de bon appétit, elle le croyait vorace et cruel. Elle assurait que ses bizarres promenades en rond dénotaient les plus funestes inclinations et cachaient les plus sinistres desseins.

Aussi, lorsqu'elle le vit sur la terrasse, elle frissonna. Elsie sentit trembler son bras auquel le sien s'était accroché. Qu'y avait-il de surprenant à ce que M. Bat, qui aimait le grand air, fût dehors jusqu'au moment de la retraite de ses élèves, qui se couchaient plus tard qu'Elsie, la plus jeune des trois? Miss Barbara n'en fut pas moins scandalisée, et, en passant près de lui, elle ne put se retenir de lui dire d'un ton sec :

— Est-ce que vous comptez rester là toute la nuit?

M. Bat fit un mouvement pour s'enfuir; mais, craignant d'être impoli, il s'efforça pour répondre et répondit sous forme de question :

— Est-ce que ma présence gêne quelqu'un, et désire-t-on que je rentre?

— Je n'ai pas d'ordres à vous donner, reprit Barbara avec aigreur, mais il m'est permis de croire que vous seriez mieux au parloir avec la famille.

— Je suis mal au parloir, répondit modestement le précepteur, mes pauvres yeux y souffrent cruellement de la chaleur et de la vive clarté des lampes.

— Ah! vos yeux craignent la lumière? J'en étais sûre! Il vous faut tout au plus le crépuscule? Vous voudriez pouvoir voler en rond toute la nuit?

— Naturellement! répondit le précepteur en s'efforçant de rire pour paraître aimable : ne suis-je pas une *bat?*

— Il n'y a pas de quoi se vanter! s'écria Barbara en frémissant de colère.

Et elle entraîna Elsie interdite, dans l'ombre épaisse de la petite allée.

— Ses yeux, ses pauvres yeux! répétait Barbara en haussant convulsivement les épaules; attends que je te plaigne, animal féroce!

— Vous êtes bien dure pour ce pauvre homme, dit Elsie. Il a vraiment la vue sensible au point de ne plus voir du tout aux lumières.

— Sans doute, sans doute! Mais comme il prend sa revanche dans l'obscurité! C'est un nyctalope et, qui plus est, un presbyte.

Elsie ne comprit pas ces épithètes, qu'elle crut déshonorantes et dont elle n'osa pas demander l'explication. Elle était encore dans l'ombre de l'allée qui ne lui plaisait nullement et voyait enfin s'ouvrir devant elle le sombre berceau au fond duquel apparaissait le pavillon blanchi par un clair regard de la lune à son lever, lorsqu'elle recula en forçant miss Barbara à reculer aussi.

— Qu'y a-t-il? dit la dame aux gros yeux, qui ne voyait rien du tout.

— Il y a... il n'y a rien, répondit Elsie embarrassée. Je voyais un homme noir devant nous, et, à présent, je distingue M. Bat qui passe devant la porte du pavillon. C'est lui qui se promène dans votre parterre.

— Ah! s'écria miss Barbara indignée, je devais m'y attendre. Il me poursuit, il m'épie, il prétend dévaster mon ciel! Mais ne craignez rien, chère Elsie, je vais le traiter comme il le mérite.

Elle s'élança en avant.

— Ah çà! monsieur, dit-elle en s'adressant à un gros arbre sur lequel la lune projetait l'ombre des objets, quand cessera la persécution dont vous m'obsédez?

Elle allait faire un beau discours, lorsque Elsie l'interrompit en l'entraînant vers la porte du pavillon et en lui disant :

— Chère miss Barbara, vous vous trompez, vous croyez parler à M. Bat et vous parlez à votre ombre. M. Bat est déjà loin, je ne le vois plus et je ne pense pas qu'il ait eu l'idée de nous suivre.

— Je pense le contraire, moi, répondit la gouvernante. Comment vous expliquez-vous qu'il soit arrivé ici avant nous, puisque nous l'avions laissé derrière et ne l'avons ni vu ni entendu passer à nos côtés?

— Il aura marché à travers les plates-bandes, reprit Elsie; c'est le plus court chemin et c'est celui que je prends souvent quand le jardinier ne me regarde pas.

— Non, non! dit miss Barbara avec angoisse, il a pris par-dessus les arbres. Tenez, vous qui voyez loin, regardez au-dessus de votre tête! Je parie qu'il rôde devant mes fenêtres!

Elsie regarda et ne vit rien que le ciel, mais, au bout d'un instant, elle vit l'ombre mouvante d'une énorme chauve-souris passer et repasser sur les murs du pavillon. Elle n'en voulut rien dire à miss Barbara, dont les manies l'impatientaient en retardant la satisfaction de sa curiosité. Elle la pressa d'entrer chez elle en lui disant qu'il n'y avait ni chauve-souris ni précepteur pour les épier.

— D'ailleurs, ajouta-t-elle, en entrant dans le petit parloir du rez-de-chaussée, si vous êtes inquiète, nous pourrons fort bien fermer la fenêtre et les rideaux.

— Voilà qui est impossible! répondit Barbara. Je donne un bal et c'est par la fenêtre que mes invités doivent se présenter chez moi.

— Un bal! s'écria Elsie stupéfaite, un bal dans

ce petit appartement? des invités qui doivent entrer par la fenêtre ? Vous vous moquez de moi, miss Barbara.

— Je dis un bal, un grand bal, répondit Barbara en allumant une lampe qu'elle posa sur le bord de la fenêtre; des toilettes magnifiques, un luxe inouï!

— Si cela est, dit Elsie ébranlée par l'assurance de sa gouvernante, je ne puis rester ici dans le pauvre costume où je suis. Vous eussiez dû m'avertir, j'aurais mis ma robe rose et mon collier de perles.

— Oh! ma chère, répondit Barbara en plaçant une corbeille de fleurs à côté de la lampe, vous auriez beau vous couvrir d'or et de pierreries, vous ne feriez pas le moindre effet à côté de mes invités.

Elsie un peu mortifiée garda le silence et attendit. Miss Barbara mit de l'eau et du miel dans une soucoupe en disant :

— Je prépare les rafraîchissements.

Puis, tout à coup, elle s'écria :

— En voici un! c'est la princesse *nepticula*

marginicollella avec sa tunique de velours noir traversée d'une large bande d'or. Sa robe est en dentelle noire avec une longue frange. Présentons-lui une feuille d'orme, c'est le palais de ses ancêtres où elle a vu le jour. Attendez! Donnez-moi cette feuille de pommier pour sa cousine germaine, la belle *malella*, dont la robe noire a des lames d'argent et dont la jupe frangée est d'un blanc nacré. Donnez-moi du genêt en fleurs, pour réjouir les yeux de ma chère *cemiostoma spartifoliella*, qui approche avec sa toilette blanche à ornements noir et or. Voici des roses pour vous, marquise *nepticula centifoliella*. Regardez, chère Elsie! admirez cette tunique grenat bordée d'argent. Et ces deux illustres lavernides : *linneella*, qui porte sur sa robe une écharpe orange brodée d'or, tandis que *schranckella* a l'écharpe orange lamée d'argent. Quel goût, quelle harmonie dans ces couleurs voyantes adoucies par le velouté des étoffes, la transparence des franges soyeuses et l'heureuse répartition des quantités ! L'adélide *panzerella* est toute en drap d'or bordé de noir, sa jupe est lilas à frange d'or. Enfin, la pyrale *rosella*, que voici et qui est une des plus simples, a la robe de dessus d'un rose vif teintée de blanc sur les bords. Quel heureux effet produit sa robe de dessous d'un brun clair ! Elle n'a qu'un défaut, c'est d'être un peu grande ; mais voici venir une troupe de véritables mignonnes exquises. Ce sont des tinéines vêtues de brun et semées de diamants, d'autres blanches avec des perles sur de la gaze. *Dispunctella* a dix gouttes d'or sur sa robe d'argent. Voici de très-grands personnages, d'une taille relativement imposante : c'est la famille des adélides avec leurs antennes vingt fois plus longues que leur corps, et leur vêtement d'or vert à reflets rouges ou violets qui rappellent la parure des plus beaux colibris. Et, à présent, voyez ! voyez la foule qui se presse ! il en viendra encore, et toujours ! et vous, vous ne saurez laquelle de ces reines du soir admirer le plus pour la splendeur de son costume et le goût exquis de sa toilette. Les moindres détails du corsage, des antennes et des pattes sont d'une délicatesse inouïe et je ne pense pas que vous ayez jamais vu nulle part de créatures aussi parfaites. A présent, remarquez la grâce de leurs mouvements, la folle et charmante précipitation de leur vol, la souplesse de leurs antennes qui est un langage, la gentillesse de leurs attitudes. N'est-ce pas, Elsie, que c'est là une fête inénarrable, et que toutes les autres créatures sont laides, monstrueuses et méchantes en comparaison de celles-ci?

— Je dirai tout ce que vous voudrez pour vous faire plaisir, répondit Elsie désappointée, mais la vérité est que je ne vois rien ou presque rien de ce que vous me décrivez avec tant d'enthousiasme. J'aperçois bien autour de ces fleurs et de cette lampe, des vols de petits papillons microscopiques, mais je distingue à peine des points brillants et des points noirs, et je crains que vous ne puisiez dans votre imagination les splendeurs dont il vous plaît de les revêtir.

— Elle ne voit pas! elle ne distingue pas! s'écria douloureusement la fée aux gros yeux. Pauvre petite! j'en étais sûre! Je vous l'avais bien dit, que votre infirmité vous priverait des

16.

joies que je savoure! Heureusement, j'ai su compatir à la débilité de vos organes ; voici un instrument dont je ne me sers jamais, moi, et que j'ai emprunté pour vous à vos parents. Prenez et regardez.

Elle offrait à Elsie une forte loupe, dont, faute d'habitude, Elsie eut quelque peine à se servir. Enfin, elle réussit, après une certaine fatigue, à distinguer la réelle et surprenante beauté d'un de ces petits êtres ; elle en fixa un autre et vit que miss Barbara ne l'avait pas trompée : l'or, la pourpre, l'améthyste, le grenat, l'orange, les perles et les roses se condensaient en ornements symétriques sur les manteaux et les robes de ces imperceptibles personnages. Elsie demandait naïvement pourquoi tant de richesse et de beauté étaient prodiguées à des êtres qui vivent tout au plus quelques jours et qui volent la nuit, à peine saisissables au regard de l'homme.

— Ah! voilà! répondit en riant la fée aux gros yeux. Toujours la même question! Ma pauvre Elsie, les grandes personnes la font aussi, c'est-à-dire qu'elles n'ont, pas plus que les enfants, l'idée saine des lois de l'univers. Elles croient que tout a été créé pour l'homme et que ce qu'il ne voit pas ou ne comprend pas, ne devrait pas exister. Mais moi, la fée aux gros yeux, comme on m'appelle, je sais que ce qui est simplement beau est aussi important que ce que l'homme utilise, et je me réjouis quand je contemple des choses ou des êtres merveilleux dont personne ne songe à tirer parti. Mes chers petits papillons sont répandus par milliers de milliards sur la terre, ils vivent modestement en famille sur une petite feuille, et personne n'a encore eu l'idée de les tourmenter.

— Fort bien, dit Elsie, mais les oiseaux, les fauvettes, les rossignols s'en nourrissent, sans compter les chauves-souris !

— Les chauves-souris ! Ah ! vous m'y faites songer ! La lumière qui attire mes pauvres petits amis et qui me permet de les contempler, attire aussi ces horribles bêtes qui rôdent des nuits entières, la gueule ouverte, avalant tout ce qu'elles rencontrent. Allons, le bal est fini, éteignons cette lampe. Je vais allumer ma lanterne, car la lune est couchée, et je vais vous reconduire au château.

Comme elles descendaient les marches du petit perron du pavillon :

— Je vous l'avais bien dit, Elsie, ajouta miss Barbara, vous avez été déçue dans votre attente, vous n'avez vu qu'imparfaitement mes petites fées de la nuit et leur danse fantastique autour de mes fleurs. Avec une loupe, on ne voit qu'un objet à la fois, et, quand cet objet est un être vivant, on ne le voit qu'au repos. Moi, je vois tout mon cher petit monde à la fois, je ne perds rien de ses allures et de ses fantaisies. Je vous en ai montré fort peu aujourd'hui. La soirée était trop fraîche et le vent ne donnait pas du bon côté. C'est dans les nuits d'orage que j'en vois des milliers se réfugier chez moi, ou que je les surprends dans leurs abris de feuillage et de fleurs. Je vous en ai nommé quelques-uns, mais il y en a une multitude d'autres qui, selon la saison, éclosent à une courte existence d'ivresse, de parure et de fêtes. On ne les connaît pas tous, bien que certaines personnes savantes et patientes les étudient avec soin et que l'on ait publié de gros livres où ils sont admirablement représentés avec un fort grossissement pour les yeux faibles ; mais ces livres ne suffisent pas, et chaque personne bien douée et bien intentionnée peut grossir le catalogue acquis à la science par des découvertes et des observations nouvelles. Pour ma part, j'en ai trouvé un grand nombre qui n'ont encore ni leurs noms ni leurs portraits publiés, et je m'ingénie à réparer à leur profit l'ingratitude ou le dédain de la science. Il est vrai qu'ils sont si petits, si petits, que peu de personnes daigneront les observer.

— Est-ce qu'il y en a de plus petits que ceux que vous m'avez montrés ? dit Elsie, qui voyant miss Barbara arrêtée sur le perron, s'était appuyée sur la rampe.

Elsie avait veillé plus tard que de coutume, elle n'avait pas eu toute la surprise et tout le plaisir qu'elle se promettait et le sommeil commençait à la gagner.

— Il y a des êtres infiniment petits, dont on

ne devrait pas parler sans respect, répliqua miss Barbara, qui ne faisait pas attention à la fatigue de son élève. Il y en a qui échappent au regard de l'homme et aux plus forts grossissements des instruments. Du moins je le présume et je le crois, moi qui en vois plus que la plupart des gens n'en peuvent voir. Qui peut dire à quelles dimensions, apparentes pour nous, s'arrête la vie universelle? Qui nous prouve que les puces n'ont pas des puces, lesquelles nourrissent à leur tour des puces qui en nourrissent d'autres, et ainsi jusqu'à l'infini? Quant aux papillons, puisque les plus petits que nous puissions apercevoir sont incontestablement plus beaux que les gros, il n'y a pas de raison pour qu'il n'en existe pas une foule d'autres encore plus beaux et plus petits dont les savants ne soupçonneront jamais l'existence.

Miss Barbara en était là de sa démonstration, sans se douter qu'Elsie, qui s'était laissée glisser sur les marches du perron, dormait de tout son cœur, lorsqu'un choc inattendu enleva brusquement la petite lanterne des mains de la gouvernante et fit tomber cet objet sur les genoux d'Elsie réveillée en sursaut.

— Une chauve-souris! une chauve-souris! s'écria Barbara éperdue en cherchant à ramasser la lanterne éteinte et brisée.

Elsie s'était vivement levée sans savoir où elle était.

— Là! là! criait Barbara, sur votre jupe, l'horrible bête est tombée aussi, je l'ai vue tomber, elle est sur vous!

Elsie n'avait pas peur des chauves-souris, mais elle savait que, si un choc léger les étourdit, elles ont de bonnes petites dents pour mordre, quand on veut les prendre, et, avisant un point noir sur sa robe, elle le saisit dans son mouchoir en disant :

— Je la tiens, tranquillisez-vous, miss Barbara, je la tiens bien!

— Tuez-la, étouffez-la, Elsie! Serrez bien fort, étouffez ce mauvais génie, cet affreux précepteur qui me persécute!

Elsie ne comprenait plus rien à la folie de sa gouvernante; elle n'aimait pas à tuer et trouvait les chauves-souris fort utiles, vu qu'elles détruisent une multitude de cousins et d'insectes nuisibles. Elle secoua son mouchoir instinctivement pour faire échapper le pauvre animal; mais quelle fut sa surprise, quelle fut sa frayeur en voyant M. Bat s'échapper du mouchoir et s'élancer sur miss Barbara, comme s'il eût voulu la dévorer !

Elsie s'enfuit à travers les plates-bandes, en proie à une terreur invincible. Mais, au bout de quelques instants, elle fut prise de remords, se retourna et revint sur ses pas pour porter secours à son infortunée gouvernante. Miss Barbara avait disparu et la chauve-souris volait en rond autour du pavillon.

— Mon Dieu ! s'écria Elsie désespérée, cette bête cruelle a avalé ma pauvre fée ! Ah ! si j'avais su, je ne lui aurais pas sauvé la vie !

La chauve-souris disparut et M. Bat se trouva devant Elsie.

— Ma chère enfant, lui dit-il, c'est bien et c'est raisonnable de sauver la vie à de pauvres persécutés. Ne vous repentez pas d'une bonne action, miss Barbara n'a eu aucun mal. En l'entendant crier, j'étais accouru, vous croyant une et l'autre menacées de quelque danger sérieux. Votre gouvernante s'est réfugiée et barricadée chez elle en m'accablant d'injures que je ne mérite pas. Puisqu'elle vous abandonne à ce qu'elle regarde comme un grand péril, voulez-vous me permettre de vous reconduire à votre bonne, et n'aurez-vous point peur de moi?

— Vraiment, je n'ai jamais eu peur de vous, monsieur Bat, répondit Elsie, vous n'êtes point méchant, mais vous êtes fort singulier.

— Singulier, moi? Qui peut vous faire penser que j'aie une singularité quelconque?

— Mais... je vous ai tenu dans mon mouchoir tout à l'heure, monsieur Bat, et permettez-moi de vous dire que vous vous exposiez beaucoup, car, si j'avais écouté miss Barbara, c'était fait de vous!

— Chère miss Elsie, répondit le précepteur en riant, je comprends maintenant ce qui s'est passé et je vous bénis de m'avoir soustrait à la haine de cette pauvre fée, qui n'est pas méchante non plus, mais qui est bien plus singulière que moi!

Quand Elsie eut bien dormi, elle trouva fort invraisemblable que M. Bat eût le pouvoir de devenir homme ou bête à volonté. A déjeuner, elle remarqua qu'il avalait avec délices des tranches de bœuf saignant, tandis que miss Barbara ne prenait que du thé. Elle en conclut que le précepteur n'était pas homme à se régaler de *micros*, et que la gouvernante suivait un régime propre à entretenir ses vapeurs.

FIN

TABLE

	Pages
LE CHÊNE PARLANT	1
LE CHIEN ET LA FLEUR SACRÉE	63
L'ORGUE DU TITAN	143
CE QUE DISENT LES FLEURS	183
LE MARTEAU ROUGE	203
LA FÉE POUSSIÈRE	223
LE GNOME DES HUITRES	247
LA FÉE AUX GROS YEUX	265

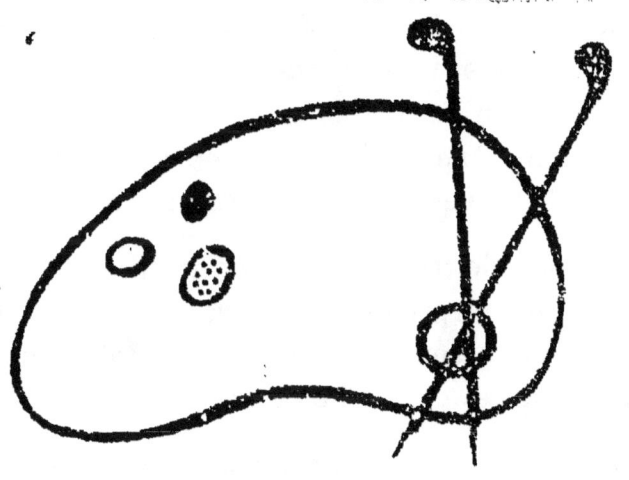

Début d'une série de documents en couleur

SAINT-RAPHAËL

S'il fallait citer tous les éminents praticiens qui ont préconisé l'usage du vin tannique de Saint-Raphaël, nous aurions à nommer toutes les illustrations médicales de France. L'autorité naturelle en ces matières, c'est évidemment celle du professeur d'hygiène à la Faculté de médecine de Paris. Voici en quels termes s'exprime ce savant académicien :

« Depuis plus de trente ans, le vin tannique de Bagnols-
» Saint-Raphaël est prescrit exclusivement comme tonique
» et reconstituant aux malades, aux convalescents admis
» dans les hospices de la ville de Paris.

» Il est employé dans les formes les plus variées de l'ané-
» mie, la chlorose, les anémies de la goutte chronique, de
» l'alimentation mal réglée, de la grossesse, de la vieillesse,
» des fièvres hectiques qui minent sourdement l'écono-
» mie, etc., etc.; il est surtout efficace pour relever les
» forces abattues par la maladie et par les digestions labo-
» rieuses et difficiles. A ces points de vue, aucun cordial
» ne doit être placé au-dessus de ce vin tannique et corro-
» borant.

» Tous les médecins des hôpitaux, parmi lesquels je
» citerai mes maîtres et mes amis, Chomel, Rostan, Requin,
» Grisolle, Trousseau, etc , prescrivaient journellement
» ce vin, et en obtenaient les meilleurs résultats. » (*Bouchardat, professeur à la Faculté de médecine; formulaire magistral, 19ᵉ Édition, page 179.*)

T. S. V. P.

L'usage du vin de Saint-Raphaël détermine l'équilibre des fonctions, et, par cela même, peut prolonger l'existence au-delà des limites ordinaires.

C'est que la nature a des moyens de préparation et des secrets auxquels ne saurait atteindre la chimie et qui fournissent à l'art de guérir, des agents bien plus efficaces que ceux de l'alambic et du creuset. Or, entre les vins de quinquina sortant du laboratoire, et le vin tannique de Saint-Raphaël qu'on peut appeler un vin de quinquina naturel, il existera la même différence qu'entre un vin fabriqué et un vin naturel.

Le vin de Saint-Raphaël l'emporte sur le vin de quinquina par sa saveur agréable. Pour les malades et les gourmets, il n'est pas de vin de dessert qui puisse lui être préféré.

C'est en terminant chaque repas qu'on prend un demi-verre à Bordeaux de ce vin corroborant. Dans les pays froids ou brumeux, cette même dose, prise le matin à jeun, préviendra les nombreuses indispositions qui sont le cortége ordinaire de l'hiver.

Le Vin de Saint-Raphaël est un Vin fortifiant, digestif. C'est un tonique reconstituant d'un goût excellent. Plus efficace pour les personnes affaiblies, que les ferrugineux, les quinas. Il est prescrit dans les fatigues d'estomac, la chlorose, l'anémie, les convalescences. etc., etc.

Renseignements : Détail : toutes les pharmacies, 3 fr. la bouteille.

Gros : Expédition franco en gare destinataire, par caisse de 7 bouteilles, 20 fr.; 12 bouteilles, 35 fr.; 25 bouteilles, 70 fr.

Il suffit d'adresser un mandat sur la poste ou des billets de banque A LA COMPAGNIE DU VIN DE SAINT-RAPHAËL A VALENCE (DRÔME).

EAUX MINÉRALES DE VALS

Les **Eaux de Vals** doivent à leur basse température et à leur richesse en acide carbonique, de posséder une stabilité qui leur permet de subir les transports les plus longs, sans éprouver la moindre altération. L'expérience de chaque jour, et mille fois répétée, démontre que ces Eaux sont aussi efficaces à cent lieues de distance qu'à leur point d'émergence.

SAINT-JEAN

Cette source est fort agréable au goût. Sa faible minéralisation et les proportions heureuses qui la distinguent en font une Eau qui rend des services réels dans les affections des voies digestives (pesanteur d'estomac, inappétence, gastralgie, dyspepsie, vomituration), dans les flatuosités abdominales, les métrites chroniques, etc. C'est la moins excitante de toutes les sources de Vals, et celle qui convient le mieux aux personnes délicates, nerveuses ou prédisposées aux congestions et aux hémorrhagies.

PRÉCIEUSE

Cette Eau, d'une minéralisation plus forte que la précédente, est la plus gazeuse des sources de Vals. Son usage est d'un effet puissant dans les dyspepsies, gastralgies, maladies de l'appareil biliaire (engorgement du foie et de la rate, obstructions viscérales, calculs épatiques, jaunisse, etc.)

DÉSIRÉE

La source *Désirée* est la plus riche en magnésie; elle est souveraine contre les maladies des reins, et les dyspepsies acides. Elle détruit les dispositions à la constipation, et possède de véritables propriétés dans les affections biliaires, les coliques néphrétiques, diabète, sciatique, albuminurie.

T. S. V. P.

RIGOLETTE

La notable proportion de fer que contient cette Eau la fait considérer, par le corps médical, comme la source alcaline gazeuse la plus utile dans l'appauvrissement alcalin et ferrugineux du sang et des humeurs (chloro-anémie ou pâles couleurs, hystérie, lymphatisme, marasme, fièvres consomptives, etc.), débilité, épuisement des forces.

LA MAGDELEINE

C'est la plus minéralisée des sources sodiques connues en France. L'usage de cette eau est particulièrement favorable dans les maladies du tube intestinal : gastralgie, gastrite chronique, et dans les affections du système nerveux : diabète, albuminurie.

Cette eau, fortifiante et sédative, est éminemment bienfaisante dans les affections de la goutte et du rhumatisme.

DOMINIQUE

Cette source n'a aucune analogie avec les précédentes. Sa composition est unique en Europe. Elle est arsenicale, ferrugineuse et sulfurique. On l'emploie avec succès pour combattre les fièvres intermittentes, les cachexies, les maladies de la peau, la dyspnée, l'asthme, le catarrhe pulmonaire, et surtout dans la chlorose, l'anémie, l'épuisement des forces, la débilité.

Les Eaux des six sources de Vals se transportent sans subir la plus légère altération ; or, quand une eau minérale peut être conservée longtemps sans altération, et malgré les transports les plus lointains, on est en droit, à quelle distance des sources qu'on la prenne, d'en attendre d'aussi bons effets qu'à la station thermale même.

Le chiffre d'expédition dans l'intérieur de la France dépasse deux millions de bouteilles.

Les Eaux de ces sources sont *très-agréables à boire pures et surtout à table avec le vin*. La dose ordinaire est d'une bouteille par jour.

Les emballages sont de 24 et 50 bouteilles, au prix de 15 et 30 francs, à Vals.

Pour les demandes d'expéditions, il suffit de s'adresser à la Société Générale des Eaux, a Vals (*Ardèche*). Très-important de mettre correctement l'adresse.

SOCIÉTÉ ANONYME
DES
ORGUES D'ALEXANDRE
PÈRE ET FILS

Capital : **1,500,000** Francs

106, RUE RICHELIEU, 106

ORGUES POUR SALONS, ÉGLISES, CHAPELLES, ETC.

Depuis 75 fr. jusqu'à 4 000 fr.

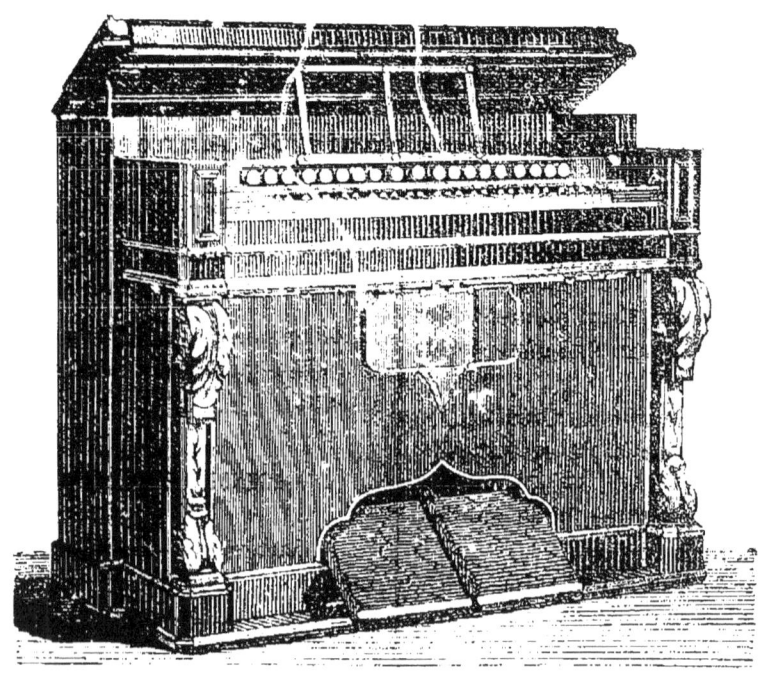

ORGUES DE LUXE

ORGUES A PERCUSSION	ORGUES TRANSPOSITEURS
POUR SALONS	POUR CHAPELLES

Nouveau modèle de Chœur, 4 octaves, **75** francs

106, RUE RICHELIEU, PARIS

— ENVOI FRANCO DE CATALOGUES —

PARIS

Indications gratuites d'Appartements Meublés et non Meublés

A LOUER

JOHN ARTHUR & Cⁱᵉ

Agents des Ambassades d'Angleterre et d'Amérique

BANQUE ET CHANGE

10, Rue Castiglione, 10

PARIS

Maison fondée depuis 50 Années

BANQUE ET CHANGE

Escompte et Encaissement de toutes valeurs pour l'Angleterre et le Continent.

Remise de Lettres de Crédit.

Comptes-Courants avec intérêts sur dépôts.

Vente et Achat de fonds publics et valeurs industrielles.

Change de monnaies.

Achat d'or et d'argent.

VENTE ET ACHAT DE PROPRIÉTÉS

Bureaux spéciaux pour la Vente et l'Achat de propriétés dans Paris et toute la France.

COMMISSION ET TRANSIT

Toutes espèces de marchandises, Meubles, Objets d'art, Bronzes, etc., achetés au prix du gros, avec économie à l'acheteur de 20 à 30 p. 0/0.

Réception et expédition de Marchandises pour tous pays. — Magasinage.

AGENCE DE LOCATIONS

Appartements meublés et non meublés, Maisons de campagne, Chasses, etc., à louer.

VINS FRANÇAIS ET ÉTRANGERS

Grand assortiment de premiers crûs de Bordeaux, de Xérès, Madère Porto et Vins de Sicile.

Bières Anglaises.

Liqueurs.

Vins du Rhin, etc.

24ᵉ ANNÉE

L'INDUSTRIE

Journal des Chemins de Fer

DU CRÉDIT FONCIER DE FRANCE

ET DE TOUS LES GRANDS INTÉRÊTS DU PAYS

PARAISSANT TOUS LES DIMANCHES

(16 pages in-4°)

Études de toutes les grandes questions financières à l'ordre du jour, — Revue politique et financière de la semaine ; — Appréciations des valeurs, — Marché en Banque ; — Correspondances financières des divers marchés d'Europe ; — Bilans de la Banque de France et des Sociétés de crédit ; — Comptes rendus des assemblées d'actionnaires ; — Rapports officiels des Compagnies ; — Avis et Annonces des Compagnies ; — Tableaux des cours ; — Recettes des chemins de fer ; — Listes officielles des tirages.

Charles ROPIQUET, Rédacteur en Chef

Vente et achat de toutes valeurs, au comptant et à terme, sans commission autre que le courtage de l'agent de change. Reports. Payement de coupons. Renseignements aux abonnés, soit verbalement, soit par correspondance.

ABONNEMENTS :

Paris.......	Un an.	**10** fr.	Six mois.	**6** fr.
Départements..	—	**12** »	—	**7** »
Étranger.....	—	**16** »	—	**9** »

Envoyer mandat-poste, coupons échus ou effet à vue sur Paris à l'ordre du Rédacteur en Chef.

Bureaux : 62, rue Neuve-des-Petits-Champs, à Paris

EXPOSITION INTERNATIONALE
Palais de l'Industrie

ÉLIXIR ET POUDRE
DENTIFRICES
DU Dr JOHN EVANS

Entrepôt général ; rue d'Enghien, 11, à Paris

La multiplicité des eaux et des poudres que la Parfumerie fabrique aujourd'hui rend très difficile la bonne appréciation des produits dentaires. Cependant rien n'est plus important ni plus délicat que l'emploi de ces deux préparations qui, selon qu'elles ont été l'objet de soins préalables, peuvent donner aux gencives la fermeté, aux dents l'éclat, à la bouche la fraîcheur, ou tout au contraire compromettre la solidité et l'émail des dents.

*L'éloge n'est plus à faire de la **Poudre** et de l'**Élixir** du Docteur JOHN EVANS pour les personnes qui en ont fait usage.*

*L'**Élixir** parfume l'haleine, fortifie les gencives et leur rend aussi leur teinte naturelle rosée.*

*Point très-important : — Les affections les plus délicates de la bouche résultant de l'emploi de médicaments récents, sont neutralisées par l'usage quotidien de cet **Élixir**.*

*La **Poudre** a pour mission spéciale de prévenir le mal, ce qui vaut mieux que d'avoir à le guérir.*

*Toute carie des dents a deux causes : l'acidité et l'impureté. Elles sont annihilées par l'emploi journalier de l'**Élixir** et de la **Poudre**, qui sont à la fois anti-acide, purifiants et tonifiants.*

Ces produits ressortent plus de la science médicale que de la parfumerie, quoique d'un parfum très-agréable. D'ailleurs les deux groupes de l'Exposition Parisienne (1875), Hygiène et Parfumerie, leur ont decerné la MÉDAILLE D'OR.

Prix : - Élixir 5 fr. - Poudre 5 fr. - 50 fr la douz^{ne}.

Envoi d'essai, **FRANCO**, contre mandat poste.

SOCIÉTÉ POUR L'EXPLOITATION
DES
PRODUITS A L'EAU DE MER
PURIFIÉE ET CONSERVÉE

Par les procédés du D' LISLE

BREVETÉS S. G. D. G.

SIÈGE SOCIAL
37, rue Vivienne, 37

 DEUX MÉDAILLES D'ARGENT

A L'EXPOSITION INTERNATIONALE DE 1875

PRODUITS ALIMENTAIRES

PAINS DE TOUTES FORMES — GALETTES SALÉES - CROISSANTS — BISCUITS AU MAÏS
ANISETTE — CRÈME DE MENTHE — CURAÇAO
PASTILLES A L'EAU DE MER

PRODUITS PHARMACEUTIQUES

SIROP THALASSIQUE — ÉLIXIR THALASSIQUE

Tous les produits indiqués ci-dessus ont une saveur excellente

DÉPOT GÉNÉRAL DES PRODUITS PHARMACEUTIQUES

PHARMACIE A. CABANÈS
23, RUE TAITBOUT, 23

ET DANS TOUTES LES BONNES PHARMACIES

Le **Pain à l'eau de mer** réunit toutes les propriétés d'un excellent aliment. Il est plus savoureux que le pain ordinaire; il réveille l'appétit, facilite la digestion et active fortement toutes les fonctions de nutrition.

A tous ces titres il doit remplacer, un jour, le pain ordinaire dans l'alimentation de tout le monde.

Mais il est de plus un préservatif contre l'invasion de beaucoup de maladies, chez les enfants surtout, dont il transforme et fortifie la constitution; car il est l'agent le plus sûr de la reconstitution du sang lorsque ce liquide est appauvri.

Enfin il est encore l'un des adjuvants les plus utiles dans le traitement de ces mêmes maladies lorsqu'on a le malheur d'en être atteint, et, *dans beaucoup de cas que les médecins seuls doivent apprécier*, il pourra remplacer avantageusement tout autre traitement.

Ce qui précède est également vrai de tous les autres produits alimentaires qui peuvent être remplacés les uns par les autres, selon le goût de chacun.

N. B. — Pour plus amples renseignements lire le volume publié par le docteur Lisle, sous le titre: **Du pain à l'eau de mer et de son utilité hygiénique.** — Paris, 1876; prix : **3 francs**, chez M. Michel LÉVY Frères, rue Auber, 3, et M. G. MASSON, place de l'École-de-Médecine, 17, et enfin chez l'auteur, rue Vivienne, 37.

FABRIQUE GÉNÉRALE FRANÇAISE
DE
MACHINES ET INSTRUMENTS D'AGRICULTURE
PELTIER Jne
10, Rue Fontaine-au-Roi, 10, Paris

Exposition et Concours

4 Prix d'honneur : **560** Médailles

CHARRUES, HERSES, ROULEAUX
EXTIRPATEURS
SCARIFICATEURS, SEMOIRS
HOUES, FAUCHEUSES
MOISSONNEUSES, FANEUSES
RATEAUX, ETC.
—
JARDINAGE
CULTURE DE LA VIGNE

BATTEUSES, TRIEURS
MANÈGES et MACHINES à VAPEUR
HACHE-PAILLE, CONCASSEURS
COUPE-RACINES, LAVEURS
ÉGRENOIRS A MAIS, RAPES
MOULINS A FARINES
—
AUGES ET RATELIERS
SCIES CIRCULAIRES ET A RUBAN

POMPES de toutes sortes et pour tous usages
Installation de **FERMES** et d'**USINES**. — Machines sur plans

ÉTABLISSEMENT DE
DISTILLERIES & FECULERIES
Outils spéciaux pour CULTURE ÉTRANGÈRE : Cafés, Riz, Cannes à sucre, etc.

Médaille de Mérite à l'Exposition de Vienne 1873

EAU ET POUDRES DENTIFRICES
DU
Docteur PIERRE
De la Faculté de Médecine de Paris

Paris — 8, place de l'Opéra, 8 — Paris

MARQUE DE FABRIQUE

EXIGER LA MARQUE DE FABRIQUE

MARQUE DE FABRIQUE

DÉPOTS
A Londres — Bruxelles — Hambourg — Saint-Pétersbourg
Moscou — Bucharest

Eau minérale naturelle
D'AULUS (ARIÈGE)

Souveraine pour la goutte, la gravelle et les maux de reins

MÉDAILLE D'OR UNIQUE. PARIS 1875.

Dépurative. — Seule de toutes les eaux minérales naturelles, elle possède, à un haut degré, une vertu dépurative des plus reconnues. Elle fixe, agit sur les sels, qu'elle parvient à régénérer, elle détruit les rougeurs, les boutons, les éruptions, les dartres, les rougeurs les invétérées, qui sont la conséquence d'une viciation du sang, tenant à des causes constitutionnelles ou autres.

S'adresser :
- A Aulus (Ariège), à l'Administration générale des Eaux.
- **A Paris** : Au Dépôt central, 18, rue Saint-Martin.
- A l'Agence des Eaux d'Aulus, 6, boulevard Magenta.

VIN DE BAUDON

ANTIMON... PHOSPHATÉ

Pharmacie rue des Francs-Bourgeois, 11, Paris.

tonique, reconstituant, supérieur à l'huile de foie de morue ; combat la faiblesse de constitution, le lymphatisme, les glandes chez les enfants ; les catarrhes, les bronchites, les maladies de poitrine chez les adultes.

Utile pendant la grossesse et l'allaitement

L'UNIVERS ILLUSTRÉ

Le plus grand des Journaux illustrés

ON S'ABONNE

CHEZ CALMANN LÉVY, ÉDITEUR   A LA LIBRAIRIE NOUVELLE
RUE AUBER, 3   BOULEVARD DES ITALIENS, 15

Et chez tous les Libraires de la France et de l'Étranger

PRIX DE L'ABONNEMENT

Un an (avec prime gratuite, pris au bureau). 22 fr.	Six mois. . . . 11 fr. 50
	Trois mois. . . 6 fr. »

LE NUMÉRO : 40 CENTIMES

Un numéro du journal, contenant le détail des nouvelles primes offertes gratuitement aux abonnés, sera envoyé franco à toute personne qui en fera la demande par lettre affranchie.

VÉRITABLES
PILULES DE BLANCARD

A L'IODURE DE FER INALTÉRABLE

On trouve dans le commerce de fausses **Pilules de Blancard** qui, d'après l'analyse faite par un Chimiste distingué, M. Personne, sont bien loin de contenir la dose réglementaire de leur principe actif : l'Iodure de fer.

Comme preuve d'authenticité des **véritables Pilules de Blancard**, approuvées par l'Académie de Médecine de Paris et par la haute Commission médicale chargée de rédiger notre nouveau Formulaire officiel, le Codex, exiger notre signature ci-dessous, apposée au bas d'une étiquette verte :

Blancard   Pharmacien,
rue Bonaparte, 40
A PARIS

N. B. — Ces Pilules s'emploient surtout contre **la faiblesse de constitution**, pour rendre au sang sa richesse, son abondance naturelles, et pour en **régulariser le cours périodique**, etc., etc.

SE DÉFIER DES CONTREFAÇONS

PRODUITS SPÉCIAUX
DE LA
MAISON FUMOUZE-ALBESPEYRES
FOURNISSEUR DES HOPITAUX MILITAIRES

PARIS, 78 & 80, faubourg Saint-Denis, PARIS

PAPIER ÉPISPASTIQUE D'ALBESPEYRES — admis dans les hôpitaux... sur l'avis du Cons. de santé — recommandé depuis 60 ans par les sommités médicales.

PAPIER ET CIGARES ANTI-ASTHMATIQUES DE Bon BARRAL. Ces préparations sont journellement employées dans le traitement de l'ASTHME, de la BRONCHITE et du CATARRHE pulmonaire. — Elles guérissent l'OPPRESSION qui constitue l'un des symptômes douloureux des maladies de poitrine.

Envoi FRANCO contre 3 fr. en timbres-poste.

CATAPLASMES-COMPRESSES JOUANIQUE. Simples, à l'amidon, au morphium, à l'arnica. Préparés avec une substance INALTÉRABLE jouissant de toutes les propriétés de la farine de graine de lin sans en présenter les inconvénients. Ils s'appliquent très facilement et leur légèreté permet de les employer dans tous les cas où le poids du cataplasme est difficilement supporté par les malades.

Envoi FRANCO contre 2 fr. en timbres-poste.

DUPONT

PARIS, RUE SERPENTE, 18, PRÈS DE L'ÉCOLE-DE-MÉDECINE

Diplôme d'Honneur à l'Exposition internationale de 1875

LITS ET FAUTEUILS MÉCANIQUES
POUR MALADES ET BLESSÉS

Appareil s'adaptant à tous les lits.

Ayant un dossier avec porte-pieds à 2 articulations.

À manivelles.

Portoirs de différents modèles

VENTE
ET
LOCATION
DE
TRANSPORT
DE
MALADES

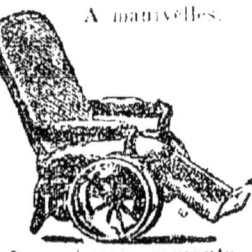
Roues à main courante.

DÉPOT, VENTE, EXPÉDITION

77, rue Saint-Lazare, 77

Dégustation à 25 centimes.

QUALITÉ SANS RIVALE

Cette liqueur est précieuse à tous les âges. — L'enfance y trouvera le développement de son intelligence et la régularisation de la croissance. — La jeunesse, la conservation de la beauté, de la grâce et de la souplesse, ces dons précieux de la nature, si fugitifs jusqu'ici; l'âge mûr, un préservatif certain contre *dispepsie, rhumatismes, goutte, gravelle, diabète, attaques d'apoplexie, etc.*, maladies pernicieuses, toujours cachées sous l'oreiller de l'homme en apparence le mieux portant; enfin la vieillesse, presque toujours anticipée, une régénération précieuse.

Quant à ceux qui souffriraient déjà de ces cruelles maladies, nous les engageons à s'adresser au Docteur **BARDENET**, rue de Rivoli, 106.

Sa nouvelle médication lui donne journellement les plus heureux résultats.

L'exécution de ses ordonnances est confiée à **M. SALMON**, pharmacien, rue Saint-Lazare, 70.

ont été décernés aux Expositions de 1872-73-74, à

CRESPIN Aîné

DE VIDOUVILLE (MANCHE)

DEMEURANT A PARIS, 11, 13 ET 15, BOULEVARD ORNANO

1° POUR SON GENRE DE

VENTE A CRÉDIT

RECONNU CRÉATION UTILE

2° Pour la bonne qualité de ses marchandises et la modicité des prix de tout ce qui concerne **Ménage, Toilette, Machines à coudre** de tous systèmes, **Horlogerie, Bijouterie, Bronze, Nouveautés, Confections, Chapellerie, Chaussures,** etc., etc.

On a **300** Magasins à choisir, on achète avec des Bons sans se faire connaître.

Premier établissement de ce genre fondé en 1856

SUCCURSALE A VERSAILLES, 20, RUE DE LA PAROISSE

Pour traiter, venir ou envoyer une lettre affranchie, boulevard Ornano, 11, 13 et 15. — Un employé passera le jour indiqué. — Envoi de la brochure explicative. — En province, on ne traite qu'au comptant, sauf la MACHINE A COUDRE, que l'on y expédie à moitié payement.

La Machine à coudre **la Fidèle** est construite par les soins de la Maison CRESPIN aîné, qui, seule, en a la propriété. Cette Machine se recommande par sa supériorité et son bon marché. Le pied de biche monte et descend à volonté, ce qui permet de faire avec cette Machine les travaux les plus fins et les plus gros.

Toutes les Machines sont vendues et réglées par un 1er maître mécanicien de marine de 1re classe.

— 16 —

PHARMACIES DE FAMILLE
POUR LA VILLE ET POUR LA CAMPAGNE

A l'usage des Châteaux, Villas, Usines, Chantiers, Mairies, Presbytères, Pensions, Officiers de terre et de mer, etc.

MÉDAILLES

DE BRONZE

D'ARGENT

DE VERMEIL

MÉDAILLES

DE BRONZE

D'ARGENT

DE VERMEIL

MODÈLE DE 40 FRANCS

DIMENSIONS : Longueur, 0m,22 ; — Largeur, 0m,19 ; — Hauteur, 0m,15.

COMPOSITION :

Teinture d'arnica.	Camphre en poudre.	S. N. de bismuth.
Eau de mélisse des Carmes.	Magnésie calcinée.	Sparadrap.
Éther rectifié.	Laudanum de Sydenham.	Bandes en toile.
Extrait de Saturne.	Chloroforme dentaire.	Taffetas d'Angleterre.
Ammoniaque.	Cartouche-pansement.	Baudruche gommée.
Alcool camphré.	Pilules écossaises.	Pierre infernale.
Eau sédative.	Pilules de sulfate de quinine.	Ciseaux.
Acide phénique.	Grumeaux d'aloès.	Lancette.
Baume du Commandeur.	Pastilles de calomel.	Pince à pansements.
Glycérine.	Calomel.	Fil, aiguilles, épingles.
Vinaigre anglais.	Ipécacuanha.	
Alun en poudre.	Rhubarbe en poudre.	

Trois autres modèles à 25, 60 et 80 francs

NOTA. — La capacité des flacons est de 30, 45 et 60 grammes.

PRIX NETS. — ENVOIS FRANCO

Un Petit Manuel de Médecine domestique est joint à chaque envoi et adressé GRATUITEMENT et FRANCO *aux personnes qui en font la demande.*

AMBULANCE-GUETTROT
MODÈLE SPÉCIAL (100 FRANCS)
POUR L'INDUSTRIE ET LES GRANDES EXPLOITATIONS

PHARMACIE NORMALE
PARIS — rue Drouot, 15 — PARIS

CALMANN LÉVY, Éditeur, rue Auber, 3
ET A LA LIBRAIRIE NOUVELLE, 15, BOULEVARD DES ITALIENS

ÉDITION DÉFINITIVE

ŒUVRES COMPLÈTES
DE
H. DE BALZAC

Avec un beau portrait sur acier par GUSTAVE LÉVY

ENVIRON 25 VOLUMES IN-8 CAVALIER

EN VENTE

SCÈNES DE LA VIE PRIVÉE. 4 vol.	30 »	THÉATRE COMPLET. 1 volume	7 50
SCÈNES DE LA VIE DE PROVINCE. 3 volumes	22 50	CONTES DROLATIQUES. 1 volume	7 50
SCÈNES DE LA VIE PARISIENNE. 4 volumes	30 »	CONTES ET NOUVELLES. — ESSAIS ANALYTIQUES. 1 volume	7 50
SCÈNES DE LA VIE MILITAIRE. 1 v.	7 50	PHYS. ET ESQUISSES PARISIENNES. 1 volume	7 50
SCÈNES DE LA VIE POLITIQUE. — 1 volume	7 50	PORTRAITS ET CRITIQUE LITTÉRAIRE.—POLÉMIQUE JUDICIAIRE. 1 volume	7 50
SCÈNES DE LA VIE DE CAMPAGNE. 1 volume	7 50	ÉTUDES HISTORIQUES ET POLITIQUES. 1 volume	7 50
ÉTUDES PHILOSOPHIQUES. 3 vol.	22 50		

Il a été tiré, pour les bibliothèques et les amateurs, 200 exemplaires *numérotés* sur beau papier de Hollande, portant dans son filigrane la marque distinctive de l'édition.

Prix de chaque volume sur papier de Hollande : 20 fr.

Avec le dernier volume, les souscripteurs recevront le portrait de Balzac et le fac-simile de son écriture, tiré sur papier de Chine avant la lettre.

ŒUVRES
DE
J. MICHELET

GUERRES DE RELIGION. 3ᵉ édition. 1 volume in-8º	6 »	HIST. DU XIXᵉ SIÈCLE. — ORIGINE DES BONAPARTE. 1 volume in-8º	6 »
HENRI IV ET RICHELIEU. 2ᵉ édition. 1 volume in-8º	6 »	PRÉCIS DE L'HIST. MODERNE. 1 volume in-8º	5 »
RICHELIEU ET LA FRONDE. 2ᵉ édition. 1 volume in-8º	6 »	L'AMOUR. 8ᵉ édit. 1 vol. gr. in-18.	3 50
LOUIS XIV ET LA RÉVOCATION DE L'ÉDIT DE NANTES. 3ᵉ édition. 1 volume in-8º	6 »	BIBLE DE L'HUMANITÉ. 2ᵉ édit. 1 volume gr. in-18	3 50
		LA FEMME. 3ᵉ édition. 1 volume gr. in-18.	3 50
LOUIS XV (1724-1757). 1 volume in-8º	6 »	LES FEMMES DE LA RÉVOLUTION. 1 volume gr. in-18	3 50

CLIN & Cⁱᵉ
PARIS — 14, rue Racine — PARIS

PRODUITS RECOMMANDÉS

DRAGÉES
Du Docteur Rabuteau
Lauréat de l'Institut de France

Les expérimentations faites dans les Hôpitaux de Paris ont démontré que les **Dragées de Rabuteau** sont supérieures aux autres ferrugineux, dans l'*Appauvrissement* du sang, la *Chlorose*, l'*Anémie*, la *Débilité*, la *Convalescence*, l'*Épuisement*, pour fortifier les tempéraments faibles, et chaque fois qu'il est nécessaire d'augmenter *le nombre de Globules rouges du sang*.

Les **Dragées Rabuteau** ne donnent pas de constipation, et sont supportées par les personnes les plus délicates. La dose est de 2 Dragées, matin et soir, au moment des repas.

Prix : 3 fr. le Flacon. (Envoi franco contre timbres-poste.)

Elixir Rabuteau pour les personnes qui ne peuvent avaler les Dragées.
Sirop Rabuteau destiné spécialement aux enfants.

CAPSULES & DRAGÉES
Au Bromure de Camphre
Du Docteur Clin
LAURÉAT DE LA FACULTÉ DE PARIS. — PRIX MONTHYON.

Les **Capsules** et les **Dragées** du Dʳ **Clin** sont employées avec le plus grand succès dans les affections nerveuses en général, et surtout dans les maladies suivantes : **Asthme, Affections du cœur et des Voies respiratoires, Toux nerveuse, Spasmes, Coqueluche, Insomnie, Épilepsie, Palpitations nerveuses, Danse de Saint-Guy, Paralysie agitante, Tic nerveux, Névroses en général, Troubles nerveux causés par des études excessives, Maladies Cérébrales ou Mentales, Delirium Tremens, Convulsions, Vertiges, Étourdissements, Hallucinations,** et dans les **Excitations** de toute nature.

En résumé, les **Capsules** et les **Dragées** du Dʳ **Clin** sont recommandées toutes les fois que l'on veut exercer une action sédative et calmante sur tout le système nerveux.

Prix du Flacon de **Capsules** *du* Dʳ CLIN : **5** *francs.*
— — **Dragées** *du* Dʳ CLIN : **5** —

NÉVRALGIES. Les **Pilules** du Dʳ **Moussette** calment et guérissent les névralgies les plus rebelles, même celles ayant résisté aux autres traitements.

Prix : 3 francs. (Envoi franco contre timbres-poste.)

MAL DE DENTS. Les **Gouttes Japonaises** de **Mathey-Caylus** calment à l'instant le **Mal de Dents** le plus violent, et en empêchent le retour en détruisant la carie.

Prix : 2 fr. 50 c. (Envoi franco contre timbres-poste.)

DÉTAIL : 10, CARREFOUR DE L'ODÉON ET LES PHARMACIES.

MACHINES A COUDRE
VÉRITABLES "SINGER"
De New-York

LES SEULES NE SE DÉRANGEANT JAMAIS
RECONNUES LES MEILLEURES POUR FAMILLES & ATELIERS

AGRANDISSEMENT DES USINES
PRODUISANT ACTUELLEMENT 30 000 MACHINES PAR MOIS

RÉDUCTION DE PRIX

Remise au comptant 10 p. 100 — **PRIX 175 FR.** — Apprentissage gratuit à domicile

(AVEC GUIDES ET ACCESSOIRES)

Payable 3 francs par semaine

SANS AUGMENTATION DE PRIX

Exiger le nom "SINGER" dans la marque de fabrique

Toute machine ne portant pas la marque ci-contre est contrefaçon

Seule maison à PARIS, 94, Boulevard Sébastopol.

MAISONS SUCCURSALES :

LYON. 58, rue de l'Hôtel-de-Ville. — MARSEILLE, 39, rue Paradis. — LILLE, 9, rue Nationale. — BORDEAUX, 99, rue Sainte-Catherine. — ROUEN, 23, rue de la Grosse-Horloge. — BESANÇON, 73, Grande-Rue. — LIMOGES, 9, rue Saint-Martial.

Dépôts dans toutes les villes de France.
Prospectus et Renseignements envoyés franco sur demande.

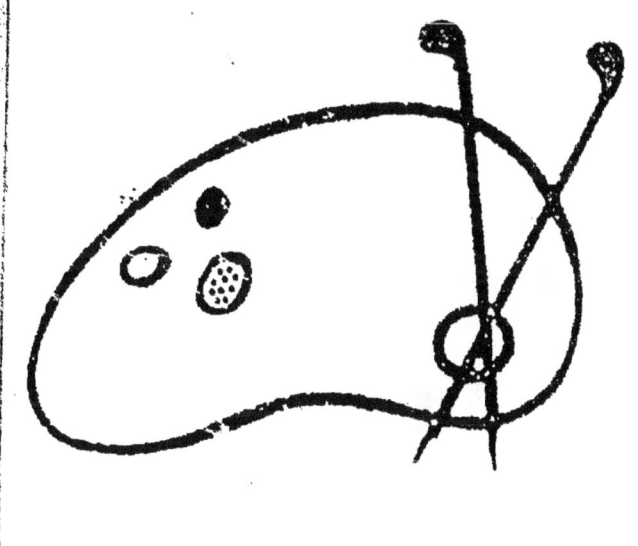

Fin d'une série de documents en couleur

www.ingramcontent.com/pod-product-compliance
Lightning Source LLC
Chambersburg PA
CBHW071316150426
43191CB00007B/641